O QUE APRENDI COM O
HOMEM MAIS RICO
DO MUNDO

Alan H. Cohen

O QUE APRENDI COM O HOMEM MAIS RICO DO MUNDO

O SEGREDO DO SR. EVERIT

Tradução
ELENY CORINA HELLER

EDITORA CULTRIX
São Paulo

Título original: *Mr. Everit's Secret.*

Copyright © 2004 Alan H. Cohen.

Publicado mediante acordo com a Broadway Books, uma divisão da Random House, Inc. Hampton Roads Publishing Company, Inc., Charlottesville, VA, USA.

Todos os direitos reservados. Nenhuma parte deste livro pode ser reproduzida ou usada de qualquer forma ou por qualquer meio, eletrônico ou mecânico, inclusive fotocópias, gravações ou sistema de armazenamento em banco de dados, sem permissão por escrito, exceto nos casos de trechos curtos citados em resenhas críticas ou artigos de revistas.

A Editora Pensamento-Cultrix Ltda. não se responsabiliza por eventuais mudanças ocorridas nos endereços convencionais ou eletrônicos citados neste livro.

Dados Internacionais de Catalogação na Publicação (CIP)
(Câmara Brasileira do Livro, SP, Brasil)

Cohen, Alan H., 1950- .
  O que aprendi com o homem mais rico do mundo :
o segredo do Sr. Everit / Alan H. Cohen ; tradução
Eleny Corina Heller. -- São Paulo : Cultrix, 2006.

  Título original: Mr. Everit`s secret.
  ISBN 85-316-0938-0

  1. Realização pessoal 2. Sucesso em negócios I. Título.

06-3793   CDD-650.1

Índices para catálogo sistemático:
1. Sucesso em negócios   650.1

O primeiro número à esquerda indica a edição, ou reedição, desta obra. A primeira dezena à direita indica o ano em que esta edição, ou reedição foi publicada.

Edição   Ano
2-3-4-5-6-7-8-9-10-11-12   06-07-08-09-10-11-12

Direitos de tradução para o Brasil
adquiridos com exclusividade pela
EDITORA PENSAMENTO-CULTRIX LTDA.
Rua Dr. Mário Vicente, 368 – 04270-000 – São Paulo, SP
Fone: 6166-9000 – Fax: 6166-9008
E-mail: pensamento@cultrix.com.br
http://www.pensamento-cultrix.com.br
que se reserva a propriedade literária desta tradução.

Ao Dr. William Cleghorn, que me lembrou de que o bem-estar é natural.

Sumário

Introdução 9

O grande assalto ao carrinho de mão 11

Lição 1: Estrelas além do telescópio 13

Lição 2: Pensamentos pigmeus 19

Lição 3: O pescador com fome 27

Lição 4: Vagens tortas 35

Lição 5: Fotos emprestadas 45

Lição 6: Uma boa limonada 53

Lição 7: Vale a pena 63

Lição 8: Dinheiro com contentamento 67

Lição 9: Faça o que você quer 75

Lição 10: Vá com calma 85

Lição 11: Felizes e famintos 95

Lição 12: O mantenedor da fé 103

Lição 13: Não racionalize sua paixão 111

Lição 14: Um negócio melhor 121

Lição 15: Um desejo e um caminho 127

Agradecimentos 135

Introdução

A vida tem um modo admirável de enviar ajuda a quem precisa. Durante muitos anos, trabalhei com pessoas que haviam encarado e superado desafios difíceis e, por vezes, esmagadores. De quase todas eu ouvi uma frase muito comum: *Quando eu mais precisava de ajuda, ela apareceu. A vida me impediu de me perder e sucumbir. Pelo contrário, o sofrimento abriu os meus horizontes.*

A história que você lerá a seguir é a crônica da resposta às preces de um desses seres humanos. Embora ele não se definisse como um homem espiritualizado nem, certamente, como um homem religioso, seu coração estava às voltas com uma grande dor e, em espírito, ele clamava por alívio. A resposta a esse homem mostrou-se na forma de Bert Everit.

Embora a maneira como a história foi contada a faça parecer uma ficção, asseguro que as lições relatadas em *O Segredo do Sr. Everit* são absolutamente reais. Elas surgiram no curso da vida real, no planeta Terra, num círculo de pessoas como você e eu. Por vezes, no mundo que nos cerca, caminha o homem que, nas páginas seguintes, é descrito como Bert Everit. Embora possa não reconhecê-lo, você o conhece. E ele conhece você. Ou ele já o encontrou ou o encontrará. Disso, você pode ter certeza.

O homem em si – ele pediu que eu lhe contasse isto – é menos importante que as lições que ministra. O Sr. Everit não está interessado em fama, reconhecimento ou atenção à sua pessoa. Por favor, ele lhe pede enfaticamente que não confunda o meio com a mensagem. Os mestres da verdade vêm e vão e, com eles, suas fraquezas humanas. Mesmo assim, os princípios que pregam são eternos e imutáveis, mais sólidos que o aço. Eles funcionam porque são leis universais. O Sr. Everit vê a si mesmo, simplesmente, como a voz da sabedoria que todos nós temos, mas que necessita de pessoas que dela nos façam lembrar para que possa ter vida. Assim, a opção do Sr. Everit é trabalhar em silêncio, longe do olhar do público.

Tudo o que você precisa saber para ter sucesso pessoal, financeiro, profissional e nos seus relacionamentos está contido nestas páginas. Uma tal afirmação não é exagerada; de fato, afirmar menos seria subestimar aquilo que é apresentado neste livro. Se você compreender de fato mesmo que apenas uma das lições do Sr. Everit, colocá-la em prática e concretizá-la em sua vida, estará a meio caminho de dominar todas elas. "A verdade é como um diamante", disse-me ele uma vez. "Se você tomar uma faceta e segui-la em todo o seu traçado, ela o levará a todas as outras."

Aproveite sua jornada com o Sr. Everit. Ele o fará pensar, rir e chorar. Ao longo de todo o caminho, ele manterá na sua frente um espelho com o qual lhe mostrará a sua verdadeira face e fará brilhar a luz no seu caminho. Então, entrará suavemente no seu coração, como se você reencontrasse um amigo há muito perdido e de quem nem sabia que sentia tanta falta. Aí você descobrirá que, como o Sr. Everit, a resposta à sua busca está mais perto do que você imaginava.

ALAN H. COHEN

O grande assalto ao carrinho de mão

Um operário de uma grande fábrica de utensílios pesados apresentou-se ao diretor e pediu uma promoção. Após uma breve discussão, este, sem rodeios, esclareceu que o operário não tinha a formação, a experiência ou o conhecimento necessários para ocupar um cargo de gerência.

"Então, façamos uma aposta", desafiou o operário. "Aposto que sou esperto o suficiente para fazer parecer que estou contribuindo com os negócios da empresa, mas, enquanto isto, às escondidas, roubarei a companhia, sem o seu conhecimento. Se conseguir isso, devolverei as mercadorias e o senhor me dará a promoção. Se não, pedirei demissão."

O diretor, um homem com espírito esportivo, aceitou a aposta.

No dia seguinte, às 5 da tarde, o operário apareceu na inspeção da loja da fábrica empurrando um carrinho de mão cheio de itens baratos que queria comprar. Um a um, o funcionário registrou cada artigo. O operário pagou por todos os produtos e levou-os para casa.

No dia seguinte, o companheiro compareceu mais uma vez na loja da fábrica com um carrinho de mão contendo mercadorias baratas, e pagou por elas. O mesmo aconteceu no outro dia, e no outro também.

O diretor, visando especialmente frustrar as intenções do operário, deu instruções estritas ao funcionário da loja para assegurar-se de que cada item do carrinho fosse vistoriado e pago. Ordenou ainda que o funcionário fosse revistado, para evitar que levasse artigos escondidos. Nada foi encontrado.

Um mês depois, o balanço da empresa demonstrava uma queda nos lucros. No mês seguinte, revelou-se uma queda ainda maior. No final do trimestre, a empresa estava no vermelho e ninguém conseguia descobrir o motivo.

Finalmente, o diretor chamou o operário em seu escritório e admitiu ter perdido a aposta. "Agora você precisa me dizer o que vem roubando", ordenou.

Um sorriso malandro desenhou-se na face do operário quando este respondeu: "Carrinhos de mão..".

Lição 1

Estrelas além do telescópio

Algumas pessoas dizem que, antes de nascermos, comprometemo-nos a encontrar todos aqueles que, durante a vida, afetarão nosso destino. Se eu soubesse o quanto um velho esquisito mudaria meu mundo, teria encontrado um meio de chegar até ele quando era mais jovem. Mas, ainda uma vez, ele me ensinou que na vida há um tempo para tudo. Mesmo assim, há tantas coisas que eu gostaria de ter lhe dito! Quem sabe, de algum modo, ele as ouvirá se eu contar minha história...

Compareci à entrevista na fábrica de carrinhos de mão com vinte minutos de atraso. Bert Everit saiu de sua salinha vestindo uma calça de brim nova e uma camisa de flanela, larga apenas o suficiente para esconder sua modesta barriga de Buda. Saudou-me calorosamente e apertou minha mão por um longo tempo. Por um momento, pensei que iria me abraçar, mas não fez isso.

"Estava esperando você", disse-me de saída.

Será que perdi o emprego antes de ser contratado? Não poderia suportar isso; o extrato de meu cartão de crédito cada dia ficava mais feio. "Desculpe, estou atrasado... O trânsito... "

"Não, não se preocupe com isso", riu-se ele. "Estava só ansioso para vê-lo."

Será que aquele homem acolhia todo candidato a um emprego daquela maneira? Antes que pudesse raciocinar sobre sua acolhida, ele me carregou para fora e apresentou-me a todos os chefes de departamento como se eu fosse um parente que não visse há muito tempo. No percurso, manteve uma das mãos, reconfortadoramente, em meu ombro, olhava-me diretamente nos olhos e fez-me mais perguntas sobre minha vida que sobre minhas qualificações. Durante a hora inteira que passei com ele, deu-me mais atenção que meu terapeuta.

Não me surpreendi quando me convidou para ficar para o jantar. Acompanhou-me até a sua moradia, nos fundos da fábrica, uma esquisita cabana de Hobbit onde se espalhavam uma carcaça de tartaruga de Galápagos, vídeos antigos de Anthony Robbins e uma rara coleção de bonecos do Yoda. Eu já havia encontrado pessoas como ele antes. Ou eram doidos ou gênios. Talvez os dois.

Ele pôs um chapéu de cozinheiro autografado por Wolfgang Puck, preparou um saboroso linguado gigante à moda cajun e então abriu seu estoque particular de conhaque. Admirado, eu olhava aquele pato estranho movendo-se com uma simplicidade tocante, uma mistura caseira de domínio e humildade.

Depois do jantar, ele me levou a seu pequeno pátio, que dava para um vale luxuriante, onde se podia ouvir o cricrilar dos grilos soando na noite. "Quanto isso vale?", perguntou, com os olhos brilhando, inspirando profundamente o ar do campo. A Lua ainda não se levantara e, no escuro da noite, eu me espantei ao ver o céu coalhado de estrelas.

"Quantas estrelas! Dá pra acreditar?", perguntei-lhe.

"Dá. Eu acredito – e é essa a razão pela qual as contemplo", respondeu. "Dominic não deixou passar nada."

Dominic? Virei-me para ele, franzindo as sobrancelhas. "Quem é esse Dominic?"

"Dominic é o nome que dou para Deus."

"Por que não diz simplesmente 'Deus'?"

"A palavra ficou muito batida com o correr do tempo. Gosto mais de 'Dominic'."

Está bem, que seja Dominic.

"Dominic criou o universo em fantástica abundância. Até mesmo com extravagância. As cataratas de Niágara foram idéia Dele – nada daquelas geringonçazinhas idiotas que você instala no chuveiro para economizar água. Nossa!, a pessoa tem que ficar em pé pelo dobro do tempo para conseguir se molhar. Qual a vantagem? Os ecologistas deviam se tocar."

Só continuei ali sentado, deixando que aquilo tudo entrasse na minha cabeça, tentando concluir se Bert Everit era um sábio desconhecido ou uma batata frita que sobrara de um Mac-Lanche Feliz.

"Exatamente ali, onde você está olhando agora, há milhões de estrelas", continuou ele, com olhar perdido. "E outras bilhões, além delas." Ele juntou os dedos das mãos atrás da cabeça e inclinou-se tanto para trás que temi que caísse. "Você pode construir um telescópio maior que o Monte Everest e ainda haveria incontáveis estrelas fora do seu alcance. O universo é o pesadelo dos matemáticos, mas a delícia dos místicos."

Eu nunca pensara de fato no universo como um tesouro infindável. Passara mais tempo tentando calcular o tempo que gastava para ir e vir de meu apartamento sem que meu senhorio me pegasse de surpresa.

"Já foi ao Havaí?", perguntou-me, de supetão.

Havaí? Brincadeira! "Só vi na televisão e nos filmes."

"Estive lá com Marlene, na minha lua-de-mel. É um lugar tranqüilo. Tudo é gigantesco. As folhas das palmeiras são tão grandes que são necessários dois homens para carregá-las num caminhão. Perguntei a um casal que morava lá: 'Aqui no Havaí as estações do ano são bem marcadas?' A esposa respondeu 'São. Todo outono perguntamos quem vai recolher as folhas!'"

Aquilo era realmente verdade ou ele estava inventando, enquanto a conversa ia adiante?

"Conhece a Austrália?"

"Quem me dera!"

"Estive lá uma vez, em viagem de negócios. Vi uma estátua de um canguru pré-histórico de 3,66 metros. Nossa mãe! Pode imaginar, você dirigindo, o carro em movimento, vira uma esquina e dá de cara com uma coisa dessas?" Riu-se batendo nas coxas, deliciado com a própria piada.

"Nunca esteve nos tempos pré-históricos?"

Será que ele me tomava por um idiota completo? "Hum, não que eu me lembre..."

"Certa vez, num museu, vi uma réplica de um tatu pré-histórico do tamanho de um Fusca."

Bom, já bastava. "E onde você quer chegar com isso?"

Ele já brincara comigo o suficiente. "A vida foi feita para ser *grandiosa* e *abundante*. Tudo, em todo lugar, num suprimento infinito, capaz de se reproduzir em quantidades imensuráveis, para sempre. Tudo em quantidades suficientes para todos. Sempre."

Bem, isso até pode ser verdade, pensei; mas, então, por que, para rodar para qualquer lugar, eu tinha de ir antes ao posto de gasolina e encher de ar meu pneu traseiro esquerdo? Se pudesse pagar por outro pneu, compraria um. Enquanto isso, há pessoas passando fome, árvores desaparecendo mais rápido que o Burger King vende hambúrgueres e a água da torneira tem gosto de fluido de transmissão. "Então, o que aconteceu, Sr. Everit?", perguntei de chofre. "Se o universo era tão abundante, por que as coisas boas escassearam tanto e por que nem todo mundo tem tudo o que quer?"

Ele permaneceu em silêncio por alguns instantes. Talvez eu o tivesse confundido, pensei. Finalmente, voltando-se para mim, perguntou: "Você tem algum compromisso agora?"

"Acho que não. Não vou encontrar a Britney Spears esta noite."

"Então vamos dar uma volta." Pegou as chaves e fez sinal para que eu o seguisse.

O que aprendi com o Sr. Everit:

- Vejo aquilo em que acredito.
- O universo foi criado em completa abundância – até mesmo com extravagância.
- Há sempre algo que supera cada limite que eu possa imaginar.

Outras coisas que ele disse:

- Quase todo mundo está dormindo. Todas as pessoas que você conhece, todas as que você vê, todas com quem fala. São poucas as que estão acordadas, e vivem em constante e total assombro.

(Do filme Joe Contra o Vulcão)

- Se tudo o que recebe pelo seu trabalho é dinheiro, você é extremamente mal remunerado.
- Escolha um ofício de que goste, e, pelo resto da vida, nunca mais você trabalhará.

O que eu fiz:

- Usei o computador do Sr. Everit para pesquisar sobre ele na Internet, para verificar se tinha antecedentes criminais ou se já tinha sido preso.
- Perguntei-me se haveria algo mais de que eu poderia dispor do que o que eu tinha estabelecido.
- Comecei a notar sinais de suficiência em mim e à minha volta.

Lição 2

Pensamentos pigmeus

De carro, percorremos por cerca de dez minutos uma velha estrada do interior, cheia de placas de limite de velocidade furadas à bala pelos brutamontes da região. Idiotas munidos de armas pareciam abrir um grande buraco na teoria do Sr. Everit de que "a vida é bela". Ainda assim, ao contemplar a lua cheia surgindo sobre uma campina, fui tomado por um sentimento de paz. Vivendo há tanto tempo na cidade, não me lembrava da última vez em que prestara muita atenção à lua. Haveria vida além da placa indicando a hora e a temperatura que velozmente deixávamos para trás?

Sem dizer uma palavra, o Sr. Everit levou seu 4-Runner prateado (ele o chamava de "Peixão") para o acostamento e estacionou perto de um curral de mourões irregulares e acinzentados pelo tempo. Por um momento, fiquei desconfiado: mal conhecia aquele sujeito e lá estava eu, sozinho com ele, no meio do nada. Ele definitivamente era um tanto esquisito. E se tirasse uma serra elétrica de trás da picape? E se fosse um terrorista, membro de algum culto estranho, que exigisse um sacrifício à lua cheia? E se... E se... Meu pensamento deu voltas por alguns instantes, mas a razão me assegurou de que meus temores eram infundados. Excêntrico como era, ele se mostrava muito afável; se havia ali alguém com quem eu estava a salvo, esse alguém era ele.

Bert Everit saltou do Peixão numa pose meio John Wayne, aproximou-se com cuidado da cerca do curral e curvou-se sobre ela. Peguei a deixa e o imitei. De repente, ouvi o barulho de cascos no pasto; em pouco tempo, vários cavalinhos se aproximaram de nós. Eram tão pequenos que, a princípio, à luz mortiça da lua, pensei que fossem cachorrões, com o tamanho aproximado de um pastor-alemão grande. Quando se aproximaram mais, pude ter certeza de que eram cavalos.

"São pôneis Shetland?", perguntei.

"Não. São pôneis pigmeus."

Nunca tinha visto criaturas tão estranhas.

"Como ficam tão pequenos?"

"Foram os cruzamentos", respondeu ele, com um sorrisinho forçado. "Houve um tempo em que cruzavam os dois menores cavalos da manada. Depois cruzavam as crias com cavalos menores ainda. E assim por diante, sempre dessa forma. A cada geração, os cavalos ficavam cada vez menores até que surgiram esses espécimes pequenininhos que você vê agora à sua frente."

"É surpreendente!"

"É mesmo! Quando você junta duas coisas pequenininhas, isso só pode resultar em coisas menores ainda."

Everit pulou agilmente para cima da cerca e sentou-se ali, diante dos cavalos pigmeus. Mais uma vez o imitei. Meu movimento, no entanto, foi mais desajeitado. Se o Sr. Everit não me acudisse nem me ajudasse a me equilibrar, eu teria caído no curral. Senti-me um pateta.

Por fim, equilibrei-me e fiquei ali sentado, em meio ao silêncio. Pensei que o fato de ele ter-me trazido àquele local era seu modo de dar espaço para a minha pergunta. "O que isso tem a ver com o modo pelo qual as coisas escasseiam no mundo?", perguntei-lhe.

"Tudo", respondeu, apertando seu boné John Deere. "Por muitas, muitas gerações, as pessoas vêm cultivando pensamentos pigmeus. Não propositalmente, imagine – mas isso não importa. Os hábitos afetam você, quer queira, quer não. A cada vez que você pressupõe que 'não há o bastante' ou que 'eu não sou o bastante' e se junta a pessoas que concordam com isso, você alimenta um pensamento pigmeu. Você simplesmente torna o seu mundo menor."

Como que aproveitando a deixa, uma pequena égua malhada aproximou-se de nós. O Sr. Everit abaixou-se e deu pancadinhas na testa dela. As sombras produzidas pela luz da lua acentuaram as rugas profundas ao redor dos olhos dele, rugas de quem já percorrera muitas trilhas. "Quando milhões de pessoas ficam pensando no que lhes falta e alimentando com temores sua crença, o mundo encolhe dia após dia."

Tentei mudar de posição sobre a cerca. Meu traseiro doía. Talvez a questão me provocasse um certo desconforto.

"Não sei, Sr. Everit", desafiei-o. "O senhor realmente acha todo mundo tão tolo assim?"

"Eu não disse 'tolo'", respondeu, com altivez. "Só adormecido... As pessoas não entendem que traçam seu destino com cada pensamento, com cada palavra."

A égua aproximou-se de mim e começou a esfregar o focinho na minha perna.

"Nesse caso, o que aconteceria se algum grande pensador escrevesse um livro ou fosse à televisão ou fosse eleito presidente", sugeri, "e dissesse às pessoas que elas poderiam ter muito mais do que tinham planejado? Sabe, como o homem que chocou a todos ao admitir que o imperador estava nu... As pessoas não começariam a imaginar que poderiam ser ricas se deixassem de acreditar que tinham de ser pobres?"

O Sr. Everit balançou a cabeça negativamente. "Somente aquelas que estivessem prontas para ouvi-lo. A maioria se sente segura no mundinho que lhes é familiar – mesmo quando ele cheira mal. É como naquele filme *O Show de Truman*, no qual o personagem cresce num cenário de televisão em tamanho real, que ele acredita ser verdadeiro. Quando descobre a trama e luta para fugir, alguém pergunta ao diretor do programa se Trumam pode ser libertado. O produtor explica: 'Ele pode sair quando quiser. A verdade é que ele prefere seu mundo'."

Comecei a ficar inquieto. Alguns cavalos relincharam. O vento, antes parado, começou a soprar e comecei a sentir frio.

"Lá na Idade Média, as pessoas acreditavam que o Sol girava em torno da Terra", continuou o Sr. Everit. "Quando Galileu sugeriu que a Terra girava em torno do Sol, a Igreja o acusou de heresia e o condenou à prisão perpétua."

"Eu sei, eu sei", retruquei. "Nota dez em ciências."

"A ignorância ainda dita as regras", disse ele. "Daqui a um século, as pessoas vão olhar para trás, para uma porção de coisas que hoje fazemos, e perguntar '*O que eles estavam pensando, afinal?*'"

Um dos cavalos balançou a cabeça vigorosamente. Meu traseiro tinha adormecido. Era muita ousadia de Everit insinuar que eu era o responsável pelos meus apuros financeiros.

"As pessoas apegam-se às suas vidas medíocres e resistem às mudanças como à praga", insistiu ele. "Enquanto isso, passam fome no banquete oferecido em homenagem a elas."

"Ok, já que você falou em passar fome, se a vida é tão rica, por que, com toda a nossa tecnologia, crianças ainda morrem de fome?"

"Guerra, geralmente", respondeu, curto e grosso. Então, como um mágico, ele tirou uma maçãzinha do bolso, partiu-a em pedaços e ofereceu-a gentilmente a alguns cavalinhos.

"Guerra?"

"Durante a guerra em Bangladesh, por exemplo, pessoas de todo o mundo enviaram navios carregados de alimentos para aliviar a fome. Mas os exércitos impediram que as provisões chegassem ao povo faminto. As rações ficaram e apodreceram nos porões dos navios, no cais... os ratos mais bem alimentados do mundo. Dominic não criou a falta de alimentos. As pessoas, sim."

"Ah, por favor!", protestei. "Muitas pessoas passam fome porque não têm dinheiro para comer."

"E quem impede o dinheiro de circular? Não é Dominic. São as pessoas. Tomemos o 11 de Setembro como exemplo. Um bando de idiotas jogou os aviões contra os edifícios e mataram milhares de pessoas. Isso é trágico. A única coisa mais triste do que isso foi o que aconteceu depois. Milhões de pessoas entraram em pânico e ficaram extáticas. O medo paralisou-as e, por um longo tempo, deixaram de viajar de avião e de gastar dinheiro. A irmã de Marlene é optometrista na Pensilvânia. Disse-me que, depois do 11 de Setembro, as pessoas passaram um ano sem comprar óculos. Agora, se você puder me explicar como um punhado de loucos fanáticos do Afeganistão pode impedir que velhinhas da Pensilvânia comprem óculos...".

"Houve uma depressão na economia..."

"Não! – Foram as *pessoas* que ficaram deprimidas!", disse ele quase gritando. "Isso causou a depressão na economia. A economia não pensa por si. Seu carro não se dirige sozinho. É você quem o dirige. As pessoas dirigem a economia. Osama bin Laden e seus camaradas não causaram a recessão. As pessoas atemorizadas, sim. Em 12 de setembro havia tanto dinheiro circulando quanto havia no dia 10. As pessoas simplesmente pararam de fazê-lo circular. Pensamentos pigmeus, fertilizados pelo terror, reproduzem-se rapidamente, da noite para o dia."

O Sr. Everit olhou-me nos olhos com uma intensidade quase atemorizante e me disse: "A causa da pobreza não é a escassez. É o medo e o pensar pequeno".

Depois de uma pausa, respirou profunda e longamente, relaxou e perguntou-me: "Pronto para voltar agora?"

"Tudo bem", respondi. Mas não estava tudo bem. Bert Everit estava começando a virar meu mundo de cabeça para baixo.

O que aprendi com o Sr. Everit:

- Quando penso e falo pequeno, meu mundo encolhe. Ele fica ainda menor quando as pessoas concordam comigo.
- As pessoas encontram um estranho conforto em viver uma vida tacanha e resistem à mudança mesmo que isso possa ajudá-las.
- A causa da pobreza não é a falta, mas o medo e o ato de reter para si.

Outras coisas que ele disse:

- Os grandes pensadores sempre enfrentaram oposição violenta das mentes medíocres (Einstein).
- Os que dizem que algo "não pode ser feito" geralmente são interrompidos pelos que o fazem.
- Esse não é um mundo pequeno, afinal.

O que eu fiz:

- Quando seguia para a lanchonete para comer alguma coisa antes de dormir, não comprei jornais com manchetes atemorizantes.
- Sentei-me à mesa para comer e fiz uma lista das coisas que faria se não tivesse medo.
- Mantive minha boca fechada quando o garçom começou a queixar-se da economia, do tempo e dos políticos.

Lição 3

O pescador com fome

Naquela noite, fiquei acordado durante um longo tempo, pensando naqueles cavalos pigmeus. Não me faltavam pessoas e condições para culpar pelos meus problemas. Um pai que nunca voltou para casa; chefes enfezados; terroristas kamicazes; políticos com língua de víbora; mulheres irracionais; um mercado de ações instável; uma religião hipócrita; postos que adulteravam a gasolina; refinarias que poluíam o ar; vírus transmitidos sexualmente e pelo computador; idiotas que dirigiam como se tivessem comprado a carteira de motorista; e assim por diante. Naquela terapia, eu refiz os percursos da minha dor até chegar numa mãe dominadora, raivosa e obrigada a criar-me sozinha. Um astrólogo me disse que dinheiro sempre seria um problema para mim e um médium explicou-me que eu tinha um karma de uma vida passada e ainda estava tentando resgatá-lo. Minha lista das maneiras pelas quais a vida me jogara no chão era mais longa do que as críticas do radialista Rush Limbaugh aos democratas, e muito mais pessoas se sentiriam mais tocadas por minha lista do que ele. Mas, se havia qualquer lance de verdade no que o Sr. Everit estava dizendo, aquelas pessoas e coisas não tinham poder sobre mim. E, nesse caso, como eu poderia retomar meu poder?

Na tarde seguinte voltei à fábrica, onde encontrei o Sr. Everit em seu apartamento, fazendo pipoca e assistindo a uma comédia. Segundo ele, alguns minutos de boas risadas no meio do dia liberavam sua mente para analisar coisas que não tinha conseguido resolver durante o expediente. Sentei-me e assisti com ele à segunda metade do filme; no final, tive que admitir que minha situação financeira já não parecia tão insustentável.

"O que o traz de volta?", perguntou-me enquanto desligava a televisão.

"Bem, primeiro, estava pensando se consegui o emprego."

"Você quer o emprego?"

Ele, obviamente, não tinha a menor idéia de quanto eu *precisava* do trabalho. "Quero."

"Então, o emprego é seu."

Maravilha. "Mas, você não tem que ter a aprovação de um comitê, de um conselho ou coisa assim?"

Ele deu risada. "*Eu* sou o conselho. Se eu gosto de você, você está contratado... Eu gosto de você. Você trabalha aqui agora." Ele apertou minha mão e estudou meu rosto longamente, como se estivesse lendo meus pensamentos. "Há mais alguma coisa, não há?"

Havia. "Fiquei muito confuso com o que você me disse na noite passada", confessei.

"Bom."

"Bom? O que há de bom em ficar confuso?"

Ele levantou-se, caminhou em direção à sua pequena geladeira e dali retirou um pacote de café. "A confusão é a última estação do trem do entendimento", disse-me ele. "A parte da sua mente que pensa que sabe tudo está lutando contra uma idéia maior. É só uma questão de tempo até que o pensamento menor dê passagem para o maior. Não lute contra isso. Apenas tente se divertir durante o percurso."

Será que ele realmente sabia essas coisas ou era só um sujeito com uma boa lábia?

"Se o meu destino é um lugar tão bom, por que ainda devo $27.421,57, segundo a fatura do meu cartão de crédito?"

O Sr. Everit foi até a máquina de café e despejou um pouco de café aromatizado numa velha caneca marrom, tão lascada e rachada que deveria estar no lixo. Virou-se então para mim e ordenou: "Volte para casa agora".

Ah, pelo amor de Deus. "Te peguei, finalmente?", deixei escapar. "Está tentando se ver livre de mim?"

"Vá para casa, agora, pela ponte da Rosemont Street", insistiu ele, despejando o café. "Você sabe onde é?"

"Claro – é uma velha ponte de madeira quase aos pedaços, no lado oeste da cidade. Passa por cima de um riacho grande, um pouco antes da saída para Fairview."

"Você tem celular?"

"Claro!"

"Passe de carro pela ponte e me telefone quando precisar." Dito isso, o Sr. Everit colocou seu boné verde e amarelo, saiu pela porta e desceu para a fábrica. Nem mesmo se despediu.

Eu fiquei simplesmente ali, em pé, coçando a cabeça. Esse homem era um mestre zen ou um bolo de frutas? Decidi dar-lhe mais uma chance.

Peguei o carro e dirigi por vinte minutos até a ponte. Não havia trânsito, de maneira que diminuí a marcha ao me aproximar. Tinha cruzado aquele riacho centenas de vezes e nunca notara nada de anormal. Será que o Sr. Everit tinha criado alguma gincana bizarra e colocado alguma pista cósmica em uma das vigas da ponte?

Passei sobre a ponte tão lentamente quanto possível e vi apenas um homem pescando, logo abaixo. Sabia que as pessoas sempre pescam ali. Comecei a acelerar, mas algo me disse para parar. Parei o carro num aterro, uns dez metros adiante, e voltei a pé. Parei no parapeito da ponte e olhei para baixo, na direção do pescador.

Justamente nesse momento ele pegou uma truta pequena, com um palmo de comprimento, se tanto, pelo que pude ver de cima. Atirou o peixe num balde de plástico branco encardido e voltou a jogar a linha. Cinco minutos depois, pescou outra truta, bem maior do que a primeira. Analisou-a por alguns instantes, balançou a cabeça e atirou-a de volta ao riacho. Que estranho, pensei. Continuei a observá-lo, durante cerca de meia hora; durante esse tempo, o pescador pegou vários peixes. O esquisito é que ficou com todas as trutas menores e jogou as maiores de volta no rio. Aquilo não fazia sentido. Finalmente, decidi descer para tentar chegar a uma conclusão sobre o que o camarada estava fazendo.

"Como vai indo?", perguntei.

"Mais ou menos", respondeu sem entusiasmo. "Desço aqui algumas vezes por semana e pesco para o jantar. Geralmente, pego um punhado de trutas e as cozinho, mas ainda estou com fome. Estou fazendo o melhor que posso."

"Importa-se se eu lhe fizer uma pergunta?"

"Fique à vontade", respondeu ele calmamente, enquanto jogava a linha outra vez.

"Fiquei observando o senhor por um tempo, de cima da ponte, e notei que fica com os peixes pequenos e joga os grandes de volta no rio. Por quê?"

"É simples", respondeu. "Tenho esta frigideira aqui, que tem uns trinta centímetros." Ainda segurando a vara de pesca com a mão direita, o pescador se inclinou, pegou uma frigideirinha de ferro e levantou-a para que eu pudesse ver. "Só cabem peixes pequenos na frigideira, por isso só fico com esses."

Eu não podia acreditar no raciocínio dele. "Então, por que o senhor..." comecei a perguntar, mas fui interrompido pelo assovio curto de uma sirene de polícia, sobre a ponte. Corri ao encontro do policial, com o carro estacionado ao lado do meu.

"Este carro é seu, senhor?", perguntou em tom oficial.

"É, sim senhor."

"O senhor não pode estacionar aqui. Está bloqueando o acostamento. Precisará sair, caso contrário deverei multá-lo."

"Claro, sem problema!"

Entrei no carro e dei a partida para voltar para casa. Minha estranha conversa com o pescador me deixara atordoado. Que modo estranho de pescar! Peguei o celular e disquei para o Sr. Everit.

"Então você conheceu o pescador", respondeu ele.

"Conheci, sim! Que tipo estranho! O homem estava perdendo tempo com peixes pequenos. Certamente, teria poupado um bocado de trabalho e comido muito mais se tivesse uma frigideira maior!"

"É isso mesmo. E, ainda assim, ele não é mais estranho do que qualquer outra pessoa que precise de dinheiro ou de qualquer outra coisa."

"O que quer dizer com isso?"

"Lembra-se de que você me perguntou por que não tem tudo que quer e como conseguir mais?"

"Sim, e daí?"

"Consiga uma frigideira maior."

"Mas do que você está falando?"

"A frigideira é a sua mente. O peixe representa o que você recebe ou qualquer coisa que você queira receber mais. Se quiser receber mais, primeiro reserve um lugar na sua mente para isso. Pense maior, pinte sonhos maiores. Você pode ir a uma mina de ouro com um carrinho de mão pequeno ou com um grandão, e sairá dali com todo o ouro que seu carrinho puder carregar."

Comecei a ficar irritado e quase atravessei a estrada, indo em direção a um carro que vinha em sentido contrário. "Mas e o que dizer da lei da oferta e da procura?", gritei no celular. "E os indicadores econômicos? E as pesquisas de mercado?"

O Sr. Everit deu risada. Tive impressão de ouvir a música do seriado *Gennie é um Gênio* ao fundo. "Você pensa que construí esta imensa e bem-sucedida fábrica escutando o que as outras pessoas tinham a me dizer sobre os recursos de que eu podia dispor?", perguntou-me. "A maioria das pessoas calcula suas possibilidades com base nas frigideiras vagabundas dos outros e acha que isso é tudo o que podem conquistar. Só os que pedem mais podem conseguir mais, e só pedem aqueles que sabem que podem conseguir mais."

Parei o carro no acostamento. "Então, por que o pescador com fome não aproveita os peixes maiores que pesca? Ele está segurando esse 'mais' que está disponível bem na sua mão!"

"Ah!", fez ele. "Há mais um ingrediente básico."

"E qual é?"

"Não posso lhe dizer. Outra pessoa terá de mostrar a você."

Lá vamos nós de novo.

"Estará livre na sexta à noite?"

"Claro que estarei livre na sexta à noite. Minha vida social é uma nulidade."

"Então me encontre na cidade. Na Baylor Street há um café com mesinhas na calçada chamado *Manga!* Vá jantar lá e eu o acompanharei na sobremesa."

"Não quer jantar também?"

Pergunta desnecessária. Bert Everit já havia desligado, deixando-me com outro enigma e a minha frigideirinha.

O que aprendi com o Sr. Everit:

- O riso abre as portas para respostas que eu não posso conseguir na marra.
- Em vez de limitar a vida para que ela se ajuste às minhas crenças, preciso expandir minhas crenças para levar em conta tudo o que a vida tem a oferecer.
- As pessoas bem-sucedidas prestam mais atenção aos seus próprios sonhos e metas do que à História ou às opiniões dos outros.

Outras coisas que ele disse:

- A vida é importante demais para ser levada a sério.
- Confusão significa que você está à beira de uma ruptura.
- Se continuar a fazer o que sempre fez, você continuará conseguindo o que sempre conseguiu.

O que eu fiz:

- Uma lista de minhas crenças sobre o dinheiro (Ah, não admira que ele fuja de mim como o diabo da cruz).
- Escrevi o que eu poderia fazer com dinheiro se não estivesse no vermelho (Vem pra mim, vem!...).
- Comecei a me concentrar nos exemplos oferecidos pelas pessoas que têm dinheiro e desfrutam dele, e não nos oferecidos pelas que vivem lutando por ele.

Lição 4

Vagens tortas

Não foi difícil encontrar o *Manga!* Era um restaurante animado e vibrante, situado num bairro afastado; o edifício parecia uma opala polida, engastada num encaixe sem brilho. Um fluxo contínuo de transeuntes perambulava entre os clientes que jantavam no pátio – um verdadeiro estudo de contrastes. Eu não fazia idéia sobre a razão por que o Sr. Everit tinha me despachado para aquele lugar. Ainda assim, mesmo conhecendo-o pouco, aquela escapada estranha e original não me surpreendeu.

A recepcionista, uma ruiva atraente com um *piercing* na sobrancelha e tatuagem do Bart Simpson no tornozelo, conduziu-me a uma mesa ao ar livre. Sentei-me próximo a um aquecedor externo para compensar o friozinho do começo da noite. Constrangido por ser o único cliente a jantar sozinho, concentrei-me no cardápio e tentei parecer uma pessoa sofisticada.

Um garçom com um ar excessivo de felicidade veio anotar meu pedido (existem pessoas *tão* felizes assim?). Assim que o sr. Sorridente foi para a cozinha, uma mulher maltrapilha, acompanhada de um menininho de olhos escancarados, aproximou-se de mim, vinda da calçada. "Desculpe, senhor, não quero incomodá-lo", disse ela, "mas meu filho e eu ainda não comemos nada hoje. Estamos com tanta fome! Poderia nos dar uma ajuda?"

Estava tentado a mandá-la embora, mas lembrei-me da lição do Sr. Everit sobre a abundância universal. Sem querer ser vítima do modo de pensar pigmeu, peguei a carteira, tirei uma nota de vinte e uma de cinco dólares, e dei-as a ela.

Seus olhos brilharam e ela agarrou minha mão quase com desespero, "Muito, muito obrigada, senhor. Deus o abençoe".

Sorri e balancei a cabeça. Ela enfiou as notas no bolso e se afastou rápido, rua abaixo, com a criança no colo. Eu me senti mais aquecido. Quando meu jantar chegou, tinha mais sabor pela satisfação que eu sentia por saber que a mulher e o menininho estariam desfrutando de uma refeição decente.

O jantar decorreu sem incidentes. Concentrei-me no meu *tortellini* colorido, sempre imaginando o que teria possuído o Sr. Everit para mandar-me àquele local. Podia ouvir as vozes dos clientes das mesas próximas, casais bem-sucedidos se aventurando pelas regiões mais pobres da cidade. Que ironia, pensei, enquanto eles estendiam com displicência o cartão de crédito para pagar o jantar, a apenas algumas casas abaixo, famílias com mais filhos que dinheiro viviam a pão e água e consideravam o *McDonald´s* um restaurante cinco-estrelas.

Quando o garçom trouxe o carrinho de sobremesas, o Sr. Everit chegou. Ele tinha uma misteriosa habilidade para calcular o tempo, o que era especialmente surpreendente considerando-se que nunca usava relógio. Veio com a esposa, Marlene, uma mulher atraente de cinqüenta e poucos anos, com adequados cabelos curtos com mechas, jóias ao estilo maia e maquiagem pesada, mas de bom gosto. Sua elegância complementava o estilo um tanto doméstico de Bert; gostei dela imediatamente. "Como foi o jantar?", perguntou-me ele, enquanto os dois se sentavam.

"Bem", respondi, num tom despreocupado. "Gostariam de saborear uma sobremesa?"

"Bert é fundador da Sagrada Igreja do Chocolate", proclamou Marlene, com orgulho. "E eu sou sócia-fundadora."

Assim que escolhemos as sobremesas, a mulher que antes se aproximara de mim apareceu novamente. Ela e o filho ainda pareciam miseráveis. "Desculpe incomodá-lo novamente, senhor, mas será que poderia nos ajudar um pouco mais? Ainda estamos com fome."

"O que você fez com os vinte e cinco dólares que eu lhe dei para jantar?", tive de perguntar.

"Ah, gastei", disse ela, dando de ombros. "Comprei uns bilhetes de loteria."

Eu não podia acreditar no que ouvia! Justamente quando eu estava para lhe dizer o que pensava, o gerente do restaurante apareceu e mandou-a embora. "Sinto muito, pessoal", desculpou-se ele. "Ninguém vai incomodá-los mais."

"Dá pra acreditar?", perguntei, indignado, a Bert e Marlene.

"Ah, é claro que dá", respondeu o Sr. Everit. "Aquela mulher é uma boa mestra das Vagens Tortas."

"Vagens tortas?"

"Quando as vagens crescem em linha torta, isso significa que as sementes foram plantadas em linha torta. Dramas estranhos envolvendo dinheiro indicam crenças estranhas com relação ao dinheiro. Não é por acaso que alguns têm dinheiro e outros não têm, ou que um dia você tem e no outro não tem."

Lá vinha ele outra vez, só para me contrariar. "Mas, algumas pessoas nascem na pobreza e aí permanecem pelo resto da vida", contestei.

"E, justamente na porta ao lado, vive alguém nascido nas mesmas condições, que muda seu destino e se torna alguém como Bill Cosby, Lee Iacocca ou Martin Luther King. No seu modo de ver, qual é a diferença?"

"Genética?... Sorte?... Destino?"

O Sr. Everit negou com a cabeça. "Nada disso. É a mentalidade, a atitude, a intenção, o desejo, a força de vontade. Para ganhar mais dinheiro, muitas pessoas são capazes de mudar de trabalho, de carro, de casa, de casamento e até mesmo o próprio corpo..."

"Como minha amiga Anne Jamison", interrompeu Marlene. "Ela operou o nariz, a barriga, fez plástica no rosto e ainda não conseguiu um emprego."

Bert continuou seu raciocínio: "...no entanto, a maioria das pessoas não quer mudar o que mais poderia ajudá-las: sua maneira de pensar. Assim, trabalham mais em vez de ser mais inteligentes, continuam andando em círculos e, no final, acabam do mesmo jeito que estavam antes. Parecem alguém que descobre que está perdendo moedas por causa de um buraco no bolso e resolve conseguir mais um emprego para repor o dinheiro perdido. Não seria muito mais fácil simplesmente costurar o bolso?"

O barulho de uma cadeira sendo arrastada contra o piso de cimento distraiu-me por um instante. Como o casal sentado próximo a nós fosse sair, o homem deixou uma gorjeta de cinquenta dólares. Seu jantar não poderia ter custado cem dólares.

"Se você tiver uma mente próspera", continuou o Sr. Everit, "aonde for você gerará riqueza. Mesmo se perder temporariamente muito dinheiro, o fato de você ter uma mente próspera atrairá mais dinheiro para você. Se pensa em termos de faltas, não importa o quanto receba, que oportunidades financeiras cheguem até você, ou se chegarem até você, seu dinheiro não durará".

Nesse exato instante o Sr. Sorriso chegou com as sobremesas. Bert pedira bolo de chocolate Floresta Negra com calda de caramelo, ao qual saudou com reverente abandono. Marlene encarou uma torta de várias camadas. Ali fiquei sentado, olhando meu sorvete de laranja.

Depois de umas poucas colheradas, Marlene perguntou a Bert: "Você não me disse que, se todo o dinheiro do mundo fosse redistribuído igualmente entre todos, dentro de pouco tempo ele estaria de volta nas mãos que o distribuíram, e nas mesmas proporções de antes?"

"Mas isso não parece justo", objetei, antes que Bert pudesse responder. "Os ricos continuam ricos e os pobres continuam pobres!"

"Uma demonstração perfeita do poder da mente sobre a matéria!" O Sr. Everit quase gritou, batendo com a mão na mesa com tanta força que nossos pratos chacoalharam. "Sua mente é como um eletroímã poderoso que atrai experiências de acordo com suas crenças. Os espelhos não mentem e nem a sua conta corrente."

Atrevi-me a não lhes dizer quantas vezes a minha conta corrente tinha ficado tão magra que acabei por encerrá-la e abrir outra nova.

"Não precisa ficar aflito", consolou-me ele, como se soubesse que eu tratava meu gerente de banco pelo primeiro nome. "Ninguém está encerrado para sempre em qualquer estado mental ou de saúde. A mesma mente que constrói uma prisão pode construir uma saída."

Contemplei a rua por onde a mulher pedinte desaparecera. "Sua tentativa de ajudar aquela mulher foi sincera", parabenizou-me o Sr. Everit, "mas ela não sabia como usar o dinheiro com sabedoria. Não se pode ajudar alguém que não esteja pronto para ser ajudado. Ela precisava mais de sabedoria do que de dinheiro".

O Sr. Everit ofereceu-me um pedaço da sua extravagância de chocolate. A princípio hesitei, mas depois resolvi experimentar; o sabor explodiu na minha boca como pegajosos fogos de artifício.

Marlene observou minha reação e colocou um pedaço generoso de torta em meu prato. Disse-me então: "Uma amiga minha dos tempos da escola acreditava que o governo deveria ajudar as pessoas do interior, oferecendo-lhes dinheiro para que pudessem viver em comunidade. Quando formada, ela se apresentou para trabalhar como voluntária na cidade de Vista. Depois de trabalhar um ano num bairro miserável, ela mudou de idéia. Toda sexta-feira, ela via as pessoas trocarem seus cheques de assistência e ir direto para o bar. Concluiu que necessitavam não de dinheiro, mas de auto-estima, educação e motivação para usar o dinheiro em coisas que, realmente, os ajudassem".

O Sr. Everit estendeu o braço para uma mesa vazia, onde alguém tinha deixado o jornal daquele dia. A manchete, em letras garrafais, dizia *$32 milhões acumulados na loteria estadual Jackpot*. "A maior parte das pessoas que ganham grandes prêmios de loteria volta a ter as mesmas condições financeiras em cinco anos", ressaltou. "Algumas gastam o dinheiro em semanas ou meses. Outras bebem até à morte e algumas se suicidam. Por outro lado, existem aquelas que aproveitam o dinheiro, prosperam e ajudam os outros. Portanto, o dinheiro não é a resposta para os nossos problemas; a mentalidade saudável é que é. Se a pessoa era feliz antes de fazer fortuna, será feliz com ela. Se era infeliz sem dinheiro, ganhando mais, ficará ainda mais miserável. É a atitude com que encara o dinheiro que faz toda diferença."

"Quer dizer, então, que devo tratar do cérebro antes de tratar do talão de cheques?"

O garçom sorridente colocou a conta sobre a mesa e o Sr. Everit fez menção de pegá-la. Eu rapidamente alcancei-a. "É muita gentileza sua", disse-lhe, "mas eu jantei, e vocês apenas comeram a sobremesa".

"E você entregou de bandeja 25 dólares para comprar bilhetes de loteria que certamente não serão premiados", notou Marlene.

"É verdade", retruquei, "mas a lição que a mulher me deu sobre a prosperidade mental valeu mais que isso".

"Ora, ora", fez Bert Everit, sorrindo, "suas vagens estão desentortando mais a cada minuto!"

O que aprendi com o Sr. Everit:

- Minha situação financeira espelha as minhas crenças e expectativas.
- Dinheiro é importante, mas ter uma mente próspera é essencial.
- Quando mudo minha maneira de pensar, minha situação muda de modo a refletir essa mudança.

Outras coisas que ele disse:

- Você pode vencer a pobreza, mas vencer a ignorância leva mais tempo.
- É difícil derrotar um inimigo que mantenha um posto avançado na sua cabeça.
- Seus pensamentos são a moeda mais forte de que você dispõe.

O que eu fiz:

- Analisei minha situação financeira e perguntei a mim mesmo: "Em que alguém tem de acreditar para que isso aconteça?"
- Deixei de culpar Henry Farber por não me devolver os 50 dólares que lhe emprestei. Eu não esperava que ele me pagasse, e ele provou que eu estava certo.
- Pedi que Henry Farber me pagasse. Agora sei que mereço e ele me provará que estou certo.

Lição 5

Fotos emprestadas

Eu não disse ao Sr. Everit – nem a ninguém – que nunca tinha tido meu próprio escritório antes. Trabalhei num pequeno cubículo por tanto tempo que me sentia como um brinde barato dentro de uma caixa de sucrilhos. Pensar em olhar pela janela e ver um pouco de verde era, para mim, o mesmo que, para Dorothy, aterrissar na Terra de Oz.

No final da minha terceira semana na fábrica, meu carro estava na oficina pela octogentésima vez em três anos. O mecânico aconselhou-me a não me dar ao trabalho de tentar vendê-lo; só esprema-o o quanto puder, sugeriu, acrescente açúcar e abra uma lojinha em frente de casa. Para variar, o carro não estava pronto no final do dia, de forma que o Sr. Everit ofereceu-me uma carona para casa.

"Você se importa se eu parar no supermercado no caminho?", perguntou-me enquanto saíamos pelos portões da fábrica. "Marlene pediu-me para comprar umas coisas."

Hmmm. "Foi bom lembrar", respondi. "Preciso pegar algumas fotos que deixei lá para revelar."

Quando entrávamos pelo estacionamento do supermercado, passamos por um homem esfarrapado, de cabelo rastafári, aparentemente da minha idade, inclinado sobre uma lata de lixo. Ele retirava dali latas de molho de tomate vazias e jogava-as em seu carrinho de compras, cheio de trastes. Lembrei-me da lição do Sr. Everit sobre as vagens tortas; será que esse pobre homem conseguiria encontrar seu caminho para fora do inferno mudando seu modo de pensar? Tentei imaginá-lo todo limpo, vestindo um terno Armani recém-passado, morando num bairro chique, numa casa com frontão branco à beira-mar, com uma esposa de seios siliconados e filhos que jogassem futebol. Mas, imaginei, as pessoas nessa posição têm suas próprias vagens tortas para tratar. E eu, certamente, tinha as minhas.

Descobri o caminho para a longa série de pacotes de filmes revelados, organizados por ordem alfabética para serem retirados pelos próprios clientes. Comecei a procurar cuidadosamente, mas não conseguia encontrar os meus. Eu os tinha deixado na semana anterior. Será que alguém teria roubado as fotos do meu encontro com amigos da faculdade? Não havia meio de substituí-las e comecei a ficar aborrecido.

"Problemas?", ouvi uma voz perguntar. Voltei-me e vi o Sr. Everit carregando um pacote de salmão e uma torta grande de creme de banana salpicada de chocolate.

"Acho que alguém roubou as minhas fotos", reportei secamente.

"É bem improvável", deduziu ele, num tom de Sherlock Holmes. "Vamos procurar em outro lugar." Ele pôs os pacotes de lado e começamos a procurar nas outras letras. Um minuto depois, me chamou: "Ah! Aqui estão – só estavam fora do lugar". O Sr. Everit retirou o pacote com ar de triunfo e entregou-me. Respirei aliviado e o abri. Ali estavam minhas amadas fotos. Exceto pelo fato de que nelas eu parecia gordo.

"Ninguém rouba fotos desta caixa", observou, como quem entende do assunto. "Sabe por quê?"

"Questão de honra?"

"Mais simples ainda, ninguém quer levar para casa as fotos de outra pessoa. Você gostaria de ver as fotos de Joshua Bernstein cumprimentando pessoas em seu Bar Mitzvah? Ou da pequena Ashleigh batendo as mãozinhas no cadeirão, com o queixo gotejando sopa de cenoura? Ou de Clyde e Maude Henderson colocando moedas num caça-níquel em sua viagem de bodas de ouro para Vegas?"

Bem, a resposta era óbvia.

Ele assumiu um tom mais sério. "Por mais desagradável que pareça, você levou para casa milhares de fotos de outras pessoas, muito mais horríveis que essas."

Ei!... "Do que você está falando? Nunca roubei nenhuma foto."

"Não estou me referindo às desse tipo", ele afirmou, pegando os pacotes e balançando a cabeça. "Você levou para casa fotografias da realidade de outras pessoas. Todos levamos. Você absorveu os medos e preconceitos de seus pais e professores sobre dinheiro e sobre tudo o mais. Não é de admirar que tenha crescido com dificuldades. A pobreza, como vê, é hereditária – exceto se você mudar o seu modo de pensar enquanto ainda pode."

Um arrepio de medo percorreu o meu corpo. "Você quer dizer que eu sofri lavagem cerebral quando era pequeno?"

O Sr. Everit apontou o dedo para as minhas fotos do encontro e disse, com firmeza: "Muito antes de você ter conhecido qualquer uma dessas pessoas".

Pude sentir a minha garganta contraindo. "Então eu posso culpar a minha mãe e o meu padrasto por meus problemas de dinheiro?"

Ele balançou a cabeça. "Se você começa a culpar, isso não terá fim. Você não pode voltar atrás e pendurar na forca a primeira ameba."

"Bem, então os pais deveriam prestar mais atenção no que falam para os filhos", argumentei.

O Sr. Everit andou pelo corredor do supermercado, pegou uma câmera digital Sony à venda e examinou o visor. "Não é tanto o que os seus pais diziam sobre dinheiro, é mais o que faziam", respondeu, focalizando-me com a câmera. "Eles o ensinaram por meios muito mais profundos do que palavras."

"Você se refere à linguagem corporal?"

"Mais do que isso. Digamos que você tenha pedido dinheiro à sua mãe para comprar doces. Ela pegou a bolsa, tirou uma nota de um dólar e lhe deu. Mas *a maneira* como ela deu o dinheiro influenciou-o mais do que *o que* ela deu. Se a Mamãe sacou a nota da bolsa com um ar de mártir e a ofereceu ressentida, como quem diz, 'Temos tão pouco e você ainda fica me pedindo mais!', você absorveu essa mensagem mais profundamente que o dinheiro que ela lhe deu."

Será que esse homem conheceu minha mãe? Ela atendia aos meus pedidos por alguns trocados como se eu estivesse pedindo milhões; quando eu tinha sete anos, sentia como se estivesse cometendo um pecado só pelo fato de pedir. "É por isso que me sinto culpado quando penso em ter coisas boas?"

"Você não nasceu culpado. Nasceu inocente e brincalhão. Depois, esqueceu quem é e o que merece. Quando se lembrar quem você era antes de aprender a pedir desculpas por pedir, você terá tudo o que quiser."

Enquanto nos encaminhávamos para o caixa, comecei a me sentir deprimido. Haveria alguma esperança de eu me livrar dos meus credores?

"É como se você conhecesse a história da minha vida", disse a ele, ao colocarmos as mercadorias na esteira do caixa. "Meu pai foi morto no Vietnã antes que eu tivesse oportunidade de conhecê-lo. Foi dado como desaparecido em batalha e nunca mais voltou para casa. Enquanto esperava, minha mãe lutou duramente para me criar sozinha. Vivia sob o temor constante de nunca termos o suficiente. Mesmo depois de se casar de novo, ela colecionava cupons de desconto como se fossem ações e deixava as pessoas esperando na fila do caixa do supermercado, enquanto analisava cada item da nota para ter certeza que não haviam lhe cobrado a mais. Todos os dias eu levava para a escola um sanduíche de mortadela no pão de forma e escovava os dentes com pasta genérica. Tudo o que tinha na nossa geladeira e no banheiro vinha numa caixa branca e preta. Agora, se compro alguma coisa numa caixa colorida, sinto como se estivesse fazendo uma extravagância! Às vezes me pergunto o quanto a minha vida teria sido diferente se, numa bela tarde, meu pai tivesse de repente entrado pelo portão da frente..."

Subitamente, os olhos do Sr. Everit se encheram de lágrimas e seu olhar passou a expressar tristeza. "O senhor está bem?", perguntei.

Ele demorou um pouco para responder. "Estou", disse em voz baixa. "Você me fez lembrar alguém que conheci e que teve o mesmo tipo de infância." Esforçando-se para se conter, ele me apressou, "Vamos embora".

Eu me senti um tanto desastrado e torci para que a minha conversa não lhe tivesse entristecido. Achei melhor agir como se nada tivesse acontecido. "O senhor acha que eu poderia aprender a ter mais, sr. Everit? Já ensinou novos truques para um cachorro velho?"

"Você não tem idéia de que tipo de cachorro velho você é!", rebateu ele.

O funcionário entregou-me a nota referente às minhas fotos. Abri o envelope mais uma vez, para ter certeza de que eram as minhas mesmo.

O que aprendi com o Sr. Everit:

- Herdei minhas crenças sobre dinheiro dos meus pais e de outras pessoas em posição de autoridade.
- Nós ensinamos e aprendemos mais por meio de sentimentos, energia e exemplos do que de palavras.
- Não tenho de continuar preso às mensagens de "carência" que recebi. Posso reprogramar minha mente enfocando imagens de prosperidade, agora.

Outras coisas que ele disse:

- O momento presente é o nosso ponto de poder.
- As mentes criativas são conhecidas por resistir até às piores programações (Anna Freud).
- Sentir-se culpado é castigar a si mesmo antes que Deus o castigue.

O que eu fiz:

- Escrevi as mensagens sobre dinheiro que meus pais e professores me transmitiram (Não é de admirar que fossem pobres!).
- Decidi quais delas eu queria manter e de quais delas eu queria me livrar.
- Substituí meu tedioso creme dental genérico por um colorido, com uma embalagem mais atraente.

Lição 6

Uma boa limonada

A julgar pelo tamanho e pela decoração do escritório dele, nunca se saberia que ele era o chefe ali. Não tinha nenhum diploma ou placa na parede, só fotos da sua radiante Marlene, de Drew e de Nelson, seus amigos de pescaria barrigudos, e de Jason, seu sobrinho mais novo, que morava em Nova York. Ele não tinha filhos; se o assunto era trazido à baila, ele desconversava. Assim que uma pessoa passava pela porta, ele a convidava para se sentar na sua grande poltrona de couro marrom, super-estofada e com uma rachadura que parecia o perfil de John Lennon. Ele abria então a tampa de uma caixa de cigarros, que ficava sobre a escrivaninha, cheia de chocolates e oferecia ao convidado todas as barrinhas que sua mão pudesse conter. Ir ao escritório de Bert Everit parecia mais uma visita à casa do vovô do que ao presidente da empresa.

Talvez fosse esse o motivo de eu recorrer a ele quando a mulher louca apareceu.

"Desculpe incomodá-lo", eu disse, mostrando só a cabeça através da porta entreaberta.

Ele levantou os olhos, viu que era eu e sorriu. "O que posso fazer por você?"

"Bom... há uma senhora, humm, estranha, no *showroom*."

"Não seria a primeira vez... O que ela quer?"

"Ela quer que consertemos um carrinho de mão que ela comprou no ano passado."

"Então, é só consertar... Qual é o problema?"

"O problema é que ela não o comprou aqui... É da Demarest."

"Ela quer que consertemos um carrinho da Demarest que ela diz que comprou aqui?"

"Não conseguimos nos livrar dela."

Ele respirou profundamente. "Vamos dar uma volta."

Bert Everit colocou sobre a mesa a fatura que estava analisando, pegou o boné e dirigiu-se ao *showroom*. Eu o segui rapidamente. Nunca o vira irritado com um cliente; esta poderia ser a primeira vez.

Ali, sobre o balcão de fórmica cinzenta do *showroom*, como um grande Irish Setter castanho sobre a mesa de exames do veterinário, estava o carrinho Demarest. Bill, o encarregado do *showroom*, e seu assistente, Jeff, pisavam em ovos atrás da caixa registradora, gralhando como corvos irritados. A mulher estava discutindo com eles sobre a péssima qualidade dos nossos carrinhos de mão. Agora o grande corvo tinha chegado e eles queriam estar na primeira fila quando ele entrasse em cena.

Bert Everit aproximou-se sem pressa do carrinho Demarest e, como um veterinário apalpando a pata traseira do Setter, começou a examiná-lo. Pegou a alça de madeira quebrada e sacudiu-a. Obviamente, a peça havia se quebrado com a pressão. No meio do carrinho, bem à vista, estava a marca Demarest.

"Parece que a madeira cedeu aqui", comentou apenas.

A mulher sacudiu a peça quebrada. "Isso mesmo! E pelo dinheiro que paguei por isso, a alça deveria durar mais do que seis meses!"

Dei um passo para trás e cruzei os braços. Aquilo ia ser muito interessante.

O Sr. Everit pensou um pouco, esfregando o queixo em silêncio. Então respondeu: "Concordo. A senhora merece um carrinho de mão que dure muito tempo". Voltou-se para o encarregado do *showroom* e, educadamente, ordenou-lhe: "Bill, você poderia substituir essa alça, por favor?"

Bill levantou-se duro como uma vara, com uma expressão chocada, como se alguém tivesse encostado um ferro quente em suas partes íntimas. "Mas..." começou a objetar.

O Sr. Everit interveio antes que ele tivesse a chance de concluir. "Vamos fazer com que a Sra....?"

"Sra. Ryan", respondeu a mulher, empertigada. "Dorothy Ryan, Charles Street, 5712."

"Vamos fazer com que a Sra. Ryan volte para casa com um sorriso nos lábios." Pronto. Lá estava o sorriso.

O Sr. Everit apertou as mãos de Dorothy Ryan, Charles Street, 5712, desejou-lhe um bom-dia, abriu a porta e atravessou o corredor com a agilidade de um jogador fantasma do filme *Campo dos Sonhos*. Eu o segui como um raio.

"Mas, Sr. Everit", implorei tão logo chegamos onde ninguém pudesse nos escutar. "Não era nem um carrinho da nossa fabricação! Por que o senhor deveria levar o assunto adiante e consertá-lo?"

"Simples", respondeu, virando um pouco a cabeça, mal olhando para trás. "O próximo carrinho de mão ela vai comprar de nós."

Eu o segui de volta ao escritório e parei na porta, aturdido.

"Sente-se", disse ele, apontando para a grande poltrona de couro marrom. Concordei, esmagando John Lennon antes que ele pudesse contestar. Tão logo me sentei, Bert me disse: "Você deveria ler o manual da empresa".

"Mas eu li, claro", respondi. "E lá não diz nada sobre consertar artigos de outro fabricante."

"Não estou falando *desse* manual", retrucou ele. "Temos um manual avançado, simplificado de modo que qualquer pessoa possa entendê-lo." Então ele foi até uma mesinha de vidro redonda, perto da minha poltrona, e pegou ali um livrinho, o único do escritório. Passou-o para mim, dizendo: "Isto pode responder a mais perguntas do que eu".

Li a capa. Era uma história infantil intitulada *Uma Boa Limonada*, de Frank Asch. Voltei a me sentar e folheei o livro. Era sobre um menino chamado Hank, que decidiu abrir uma barraca para vender limonada. No primeiro dia, vendeu muita. Mas depois ninguém voltou a comprar dele. Diante disso, Hank lançou uma ostensiva campanha de marketing. Pintou os copos, ofereceu descontos e contratou meninas, que vestiu com fantasias de limão. Ainda assim, ninguém voltou a comprar a limonada de Hank. Aí um outro menino abriu uma barraca para vender limonada um pouco mais adiante, na mesma rua, e todos os dias uma longa fila de garotos esperava para comprar a limonada dele. Pensando em descobrir o segredo do outro menino, Hank ficou na fila para experimentar a limonada. Quando a provou, viu que era uma limonada *realmente boa*. Ele voltou para casa e acrescentou mais limões e açúcar em sua fórmula. No outro dia, havia uma grande fila de garotos na barraca de Hank.

Fechei *Uma Boa Limonada* e o devolvi à mesa. "O senhor baseia seus negócios neste livro?"

"Ele me faz lembrar que cuidar das pessoas é mais importante do que tirar alguma coisa delas." Ele sorriu e acrescentou: "Daí, o dinheiro vem também".

Sorri amarelo e respondi: "Eu bem poderia ter usado este livro nos dois lugares onde trabalhei. O manual deles era *Limonada Barata*. A empresa não se preocupava em saber se o cliente voltaria. Achavam que, se conseguissem fazer alguém comprar alguma coisa, o resultado teria sido alcançado – mesmo se a coisa caísse aos pedaços quando o cliente chegasse em casa. Gastam muito mais dinheiro em publicidade do que em atendimento ao cliente. Durante todo o tempo em que trabalhei para eles, eu me senti como um vendedor de carros usados desonesto, que sabia que os odômetros estavam adulterados".

"E o motivo pelo qual você não está trabalhando lá agora é...?"

"Foram à falência."

"Ah, entendo", replicou, com seu ar de Columbo. Às vezes, quando ele não falava quase nada, dizia tudo. "Que tal dar uma volta?"

Ele só podia estar brincando!... "Para onde?"

"Ver alguns carros."

"Ver carros? No meio do dia?... Que tal umas planilhas?"

"Ah, vamos lá, viva pouco, por favor", censurou-me. "O objetivo na vida não é chegar à morte a salvo."

Fomos de carro até um revendedor Ford no centro da cidade. Ali o Sr. Everit começou a examinar algumas picapes em exposição. Logo um vendedor magricela correu em nossa direção: "Este motor é fabricado atualmente pela Mazda, do Japão", gritou para nós, à distância. "Tudo bem? Meu nome é Carl..."

Estranho, pensei, que a primeira estratégia do vendedor fosse dizer que o motor tinha sido fabricado no exterior. Quando começamos a seguir Carl à volta dos veículos, perguntei ao Sr. Everit por que o rapaz estava tão ansioso em ressaltar aquele dado.

"Pode agradecer a W. Edwards Deming por isso."

"W. Edwards *quem*?

"Na década de 1950, Deming era um guru do setor industrial que tentou convencer os fabricantes de automóveis de Detroit de que seria mais inteligente produzir carros melhores e mais seguros na fábrica do que consertá-los depois. Mas ninguém deu ouvidos a ele. De forma que Deming apresentou suas idéias aos japoneses, que se impressionaram com seus conceitos e os colocaram em prática. Logo os clientes americanos descobriram que os carros japoneses funcionavam melhor e começaram a comprá-los como loucos. Agora as empresas automobilísticas americanas contratam os japoneses para fabricar seus motores ou copiam seu sistema. Outra vez, *Uma Boa Limonada!*"

Vimos mais algumas picapes; não acho que ele pensava mesmo em comprar uma. Em vez disso, começou uma conversa sincera sobre a vida de Carl. Bert Everit era como um terapeuta disfarçado. Ele se ligava às pessoas, distraía-as de seus problemas e levava-as a falar sobre o que era importante para elas. Depois dizia que tinha certeza de que poderiam conseguir o que queriam e ia embora, deixando-as com um sentimento de bem-estar. Nunca esquecerei o sorriso no rosto de Carl, quando nos despedimos dele. Ele nem se lembrava mais de que não havíamos comprado uma picape.

Logo depois, o Sr. Everit e eu estávamos sentados no carro, em pleno horário de pico, atrás de uma perua escolar de onde os estudantes nos faziam caretas, pela janela de trás. O Sr. Everit devolveu-lhes a careta e as crianças adoraram.

"Seu conceito de *Uma Boa Limonada* me faz lembrar de um restaurante perto de Santa Rosa", disse-lhe eu.

"Como assim?"

"Uma noite, quando eu dirigia numa estrada do interior com minha amiga Denise, notei um casarão branco com uma longa fila de carros estacionados na frente. 'Que bela festa essas pessoas estão curtindo!'", comentei.

"'Não é uma festa', respondeu Denise. 'É um restaurante famoso, chamado *Theodore's*. Aqueles carros todos pertencem aos clientes'."

"'Mas não há placa de restaurante', fiz notar. 'E está bem no meio do nada'."

"'Eles nunca tiveram placa', explicou ela. 'Não precisam. A comida é tão boa que a propaganda correu de boca em boca e as pessoas descobriram como chegar aqui. O local fica abarrotado toda noite'."

"E falam tanto da importância da localização...", comentou o Sr. Everit, enquanto punha um CD de Celine Dion para tocar. "A propaganda boca a boca é a melhor placa e o melhor imóvel em que se pode investir."

Continuamos no trânsito tempo suficiente para que Celine Dion nos brindasse com, no mínimo, doze canções de amor. Nas músicas de números ímpares, ela encontrava seu amor verdadeiro. Nas de número par, ela falava de tristeza. Ela talvez devesse procurar um terapeuta, imaginei. Então ligamos o rádio e ouvimos uma entrevista com um homem que tinha trabalhado com Stephen Jobs, quando este iniciara a empresa de computadores Apple. "Para Stephen", contava ele, "nenhum problema relacionado aos projetos era pequeno demais para ser levado em conta, e nunca era tarde para solucioná-lo".

Estaria o universo tentando me enviar uma mensagem?

O que aprendi com o Sr. Everit:

- Qualidade e integridade são a melhor propaganda.
- Se eu tiver cuidado com as pessoas, a vida terá cuidado comigo.
- Toda relação comercial é uma oportunidade para praticar a ligação com outro ser humano.

Outras coisas que ele disse:

- A excelência não é um ato, mas um hábito (Aristóteles).
- Quanto mais ele fala da sua honra, mais rápido podemos medi-la (Emerson).
- A vida é uma sucessão de momentos. Vencer é viver um por vez.

O que eu fiz:

- Assumi comigo mesmo o compromisso de retornar as chamadas telefônicas e e-mails em 24 horas.
- Consertei ou me desfiz de coisas, em meu apartamento ou escritório, que não funcionavam mais.
- Perguntei a alguns de meus colegas como era a vida deles fora do escritório.

Lição 7

Vale a pena

Para festejar o meu aniversário, o Sr. Everit levou-me para almoçar no *Curry in a Hurry*, meu restaurante indiano favorito. Eles prepararam um *palak paneer* tão apimentado que saía vapor das nossas orelhas. Levar-me para lá foi, certamente, um ato de altruísmo, uma vez que ele não apreciava comida apimentada e o restaurante não servia sobremesas de chocolate.

Caminhando de volta em direção ao Peixão, passamos por uma pequena boutique chamada *Atrevido*. Pela vitrine, vi um suéter que chamou muito a minha atenção. Era de malha ultraleve azul e castanho-amarelado que parecia masculina, embora divertida. Por alguns instantes, fiquei diante da vitrine, olhando a peça; podia jurar que meu nome estava escrito nela.

"Vamos entrar para vê-la", encorajou-me o Sr. Everit, abrindo a porta da boutique. Eu o segui relutante e me encaminhei para a parte interna da vitrine. Virei a etiqueta e pude ler:

"$250". Aquilo era tudo o que eu precisava ver. Larguei a etiqueta e me dirigi para a saída.

"Aonde pensa que vai, o engraçadinho?", perguntou-me o Sr. Everit, atravessando com o braço a abertura da porta e impedindo minha saída.

"Não quero esse suéter tanto assim", respondi, demonstrando pouco-caso. "Além disso, os suéteres ficam muito melhor nos manequins do que nas pessoas."

"Ah, é?", respondeu ele, irônico. "Seus olhos sempre pulam fora das órbitas quando as coisas não lhe interessam?"

Tentei tirar a mão dele da porta. "Você sabe quantas ferramentas elétricas eu poderia comprar com 250 dólares?", devolvi.

"Sei, sim", respondeu, pressionando com mais firmeza ainda a mão contra o batente. "Mas você não pode vestir uma furadeira para ir a um encontro. Não que muitas mulheres se impressionem com isso."

Tá bom, tá bom.

Ele descobriu um suéter idêntico na prateleira, colocou-o sobre o meu peito e virou-me de modo que eu pudesse me ver de corpo inteiro no espelho. A roupa estava bem "atrevida". Nenhuma furadeira nunca me caiu tão bem.

Mas não adiantava fugir da realidade, "É simplesmente caro demais", implorei. "De verdade, não posso encontrar justificativa para pagar tanto por um suéter."

Ele me olhou nos olhos, com aquele olhar que eu já conhecia e que significava que ele não estava brincando. "Eu digo que você merece o suéter", declarou, enfaticamente.

Eu não tinha pensado na roupa daquela maneira. A gente compra o que precisa. Se tem dinheiro, compra. Se não tem, não compra. Essa era a minha fórmula de comprar. Pelo menos, desde que comecei a levar a sério as faturas do meu cartão de crédito.

Ele chamou a vendedora. "Para mim, parece que caiu bem... você não acha?", perguntou-lhe o Sr. Everit.

Ela sorriu, balançando afirmativamente a cabeça.

"Eu digo que você merece isto", repetiu ele. "Digo que você merece qualquer coisa de que goste."

A mensagem dele estava começando a me contagiar. Por um instante, pensei que ele estivesse a ponto de comprar o suéter para mim; pude ver nos olhos dele que a idéia o tentava. Mas acho que estava querendo me ensinar uma lição que eu só poderia aprender praticando-a por mim mesmo.

"Tudo o que você compra é uma declaração daquilo que acredita merecer", explicou. "Quem se ama e acredita em si mesmo presenteia-se com o que o deixa feliz."

Continuei a olhar o suéter. Sem dúvida, ele me caía bem.

"Bom, quando você coloca as coisas nesses termos..."

"Vamos ficar com ele", disse à vendedora.

O que aprendi com o Sr. Everit:

- É mais divertido ver as pessoas se divertindo do que tentar forçá-las a fazer o que acho que deveriam.
- Tudo o que compro (e faço) é uma declaração do que acredito merecer.
- Mereço ter tudo o que quero.

Outras coisas que ele disse:

- Se não for para dizer "Sim, eu quero muito!" então é melhor dizer "De jeito nenhum!"
- Conceda a si mesmo um prazer abundante, para que você possa ter abundante prazer para oferecer aos outros (Neale Donald Walsch).
- Você não é um mendigo no banquete da vida. É o convidado de honra! (Emmanuel).

O que eu fiz:

- Vesti meu suéter novo para trabalhar.
- Desfiz-me das roupas que havia comprado porque eram baratas, embora as odiasse cada vez que as vestia porque me faziam lembrar que sou pobre.
- Repassei o extrato do meu cartão de crédito e considerei cada compra um investimento para mim.

Lição 8

Dinheiro com contentamento

Na tarde do dia seguinte, encontrei o Sr. Everit em seus aposentos na fábrica, assistindo à apresentação de um evangélico pela televisão a cabo. O sujeito ora gritava, ora se lamentava, falando vários idiomas e pedindo donativos.

"Quem faz o penteado desse camarada?", resmungou o Sr. Everit, ao pressionar o botão "mudo" do controle remoto. "Dá para pensar que, se Deus está falando com eles, poderia sussurrar uma sugestão sobre esses cachos." E suspirou: "Bom, acho que Dominic tem Seus meios..."

Dei uma risadinha, reclinei-me respeitosamente sobre John Lennon e perguntei: "Por que será que muitas religiões ensinam que o dinheiro é uma coisa ruim e gastam tanto tempo pedindo por ele?"

"A igreja tem de pagar a hipoteca e os credores não aceitam preces", respondeu, resumidamente.

"E que conclusão você tira disso?"

"Não tiro conclusões. Conclusão você tira quando se cansa de pensar. Se eu chegar a uma conclusão, morro."

Isso era típico dele. O Sr. Everit me intrigava e me deixava desorientado.

"O dinheiro não é a raiz de todo mal", declarou com vigor. "A ignorância é que é a raiz de todo mal. As pessoas fazem coisas cruéis e tolas por dinheiro, por se sentirem oprimidas pelo sentimento de carência. Se soubessem o poder que têm de gerar riqueza, nunca lutariam ou feririam umas às outras por causa de dinheiro."

Cocei a cabeça e respondi com ironia: "Para o senhor, que tem dinheiro, isso é fácil de dizer".

O Sr. Everit não se esquivou do assunto. Nunca fazia isso. "O dinheiro vem porque eu desfruto dele. Reconheço que ele é como uma corrente de vida e adoro mantê-la em movimento. Se envolve o dinheiro em ressentimento, você o mantém à distância. Pense bem do dinheiro e ele o visitará com freqüência."

O meu misterioso mentor pegou a carteira, retirou dali uma nota de um dólar e colocou-a diante de mim, na mesinha redonda, sob o abajur. Quando tirou a nota da carteira, uma pequena foto deslizou de uma divisão lateral e caiu perto dos meus pés. O Sr. Everit rapidamente abaixou-se para pegá-la, mas eu a alcancei primeiro. A foto mostrava um homem de meia-idade careca, de traços orientais e vestindo uma espécie de manto, talvez algum tipo de homem santo. Ao seu lado, um homem mais novo, alto, branco, de cabelos longos, barba desalinhada e olhar ardente.

"Quem é este?", perguntei ao Sr. Everit.

Ele pareceu nervoso. "Não dá para imaginar?", respondeu rápido.

Aproximei o olhar. O sujeito branco me parecia familiar. Continuei olhando... Será que?... "Não é o senhor, é?", perguntei.

Ele sorriu: "Muito bem".

"Ué!... Quantos anos o senhor tinha aqui? E o que está fazendo com esse cabelão e essa barba?"

O Sr. Everit respirou fundo e relaxou um pouco mais, embora ainda parecesse um pouco nervoso. "Uns vinte e poucos – era no final dos anos sessenta e eu estava metido naquela coisa, você sabe, meio *hippie*. Todo mundo usava cabelo comprido naquela época."

Eu ainda não podia acreditar que era ele. "E o sujeito ao lado?"

"É Shin, um monge budista com quem estudei. Muito popular na época."

Gente, aquela foto fez a minha cabeça dar voltas. O Sr. Everit, obviamente, se sentia embaraçado com relação àquilo, e rapidamente colocou a foto desgastada de volta na carteira. O motivo de tê-la carregado todos aqueles anos, eu não conseguia imaginar, mas conclui que ele não queria falar sobre aquilo, de modo que voltei a puxar o assunto do dinheiro. "Por que tirou aquela nota de um dólar?"

Claramente aliviado por mudarmos de assunto, perguntou "Você nunca analisou o que está impresso nas notas de um dólar?"

"Números de série?"

"É isso aí, sabichão! Dê uma olhada bem aqui."

Reclinei-me em direção à nota e apertei os olhos para ler.

"Bem, aqui está escrito: 'Em Deus, Confiamos'. Ora, essa é uma afirmação poderosa! Se, a cada vez que trocar um dólar, você se lembrar de confiar em Deus, ou em Dominic, ou no universo, ou seja lá como for que você queira chamá-lo, suas transações com dinheiro deixarão de ser uma fonte de irritação e se tornarão uma bênção para você e para todos aqueles com quem você trabalha."

Olhei mais de perto os símbolos. A nota de um dólar estava cheia deles: uma pirâmide, um olho que tudo vê, uma chave mística e muitos mais. Os criadores da nossa moeda estavam obviamente recorrendo a algum saber mais profundo que nós esquecemos.

Quando lhe devolvi a nota, a secretária do Sr. Everit pôs a cabeça pela porta entreaberta e disse: "Andrew Watson está ao telefone, falando de San Jose. Ele não quer pagar o custo extra de embarque que lhe cobramos pela entrega expressa. Diz que poderia ter sido uma entrega normal."

O Sr. Everit apoiou-se no encosto da cadeira e cruzou as mãos atrás da cabeça. "Então diga-lhe para que simplesmente desconte os encargos extras da fatura... Só queremos dinheiro com contentamento."

Pronto, lá vinha ele outra vez. "Como assim, 'dinheiro com contentamento'?", perguntei, assim que a secretária saiu.

"É dinheiro que se troca por opção e gratidão", respondeu o Sr. Everit. "Quem o oferece acredita que quem está recebendo o merece e paga de boa vontade. Todo mundo se sente bem com a transação."

"Mas você estava justamente tentando ajudar aquele pequeno *shopping* enviando logo a remessa!", disse eu. "Você não tinha de dar desconto. Além disso, o nosso contrato reza que a empresa faz o embarque como julgar mais adequado."

"Você está absolutamente certo", respondeu, guardando a nota de um dólar na carteira. "Mas algumas regras vão além das que estão no papel. Há momentos em que buscar a harmonia é mais importante do que estar com a razão. Com o tempo, cultivar relacionamentos gera mais lucro que manter as pessoas sob a mira de uma arma."

Eu podia sentir a minha indignação crescendo. "Mas, se você deixar que as pessoas levem adiante coisas que não são justas, você compromete a sua integridade."

O Sr. Everit pensou por um longo momento e perguntou: "Quer saber de que modo eu aprendi como o 'dinheiro com contentamento' funciona?" Ele vasculhou a caixa de cigarros em busca de um chocolate de menta que tivesse sobrado e continuou: "Estive num hotel que garantia a total satisfação do cliente. Se houvesse qualquer coisa que não lhe agradasse na estadia, ele não precisaria pagar".

"Bom, aquilo era muito audacioso. Eu me perguntava quanto dinheiro eles perderiam com aquela promoção."

"Eu fiz o seguinte: Perguntei ao gerente quantas pessoas os procuravam com reclamações. 'Não muitas', disse-me ele. 'Menos de um por cento'. Então entendi que brilhante ato comercial era aquele. Apesar das poucas pessoas – uma dentre cem –

que pediam reembolso, a empresa atraía meia dúzia de novos clientes, que reconheciam a confiança e o renome do hotel. Essa política gerou uma grande entrada de dinheiro, sem falar da fidelidade do cliente. Pode imaginar o orgulho e a satisfação que o gerente sentia por saber que cada centavo do seu lucro era pago com satisfação? Que exemplo de grande sucesso!"

"É, mas sempre há alguém que leva vantagem."

"Sim, alguns levam, mas não o bastante para fazer diferença. Em algum nível, todos sabemos o que é justo e a maioria das pessoas quer pagar pelos bens e serviço de forma justa."

"Não sei não, Sr. Everit. Vi centenas de casos de pessoas de caráter duvidoso. O que dizer dos que saqueiam em desastres?"

"Eles têm raiva. A raiva é o medo sob pressão. O sentimento de pobreza leva as pessoas a agirem de maneira desvairada e desumana. Essas mesmas pessoas, se não fossem incitadas, demonstrariam mais integridade. Acho fascinante que, enquanto as torres gêmeas estavam queimando, ninguém em Nova York praticou saques. As pessoas uniam forças para ajudar umas às outras. Esse é o grande poder que temos quando agimos com base na nossa força e não no nosso medo."

"Isso pode ser verdade no caso de alguns incidentes isolados", retruquei, "mas o senhor não acha que, quanto mais a sociedade cresce, mais leis e medidas são necessárias para nos proteger daqueles que poderiam querer levar vantagem?"

"Tanto a confiança como a desconfiança são aprendidas e reforçadas com a prática", respondeu, confiante. "Na primeira vez que me hospedei num hotel japonês, dei meu cartão de crédito para o atendente. Ele, educadamente, o devolveu e explicou: 'O senhor pode pagar na saída'. Fiquei sem fala! Nos Estados Unidos, você precisa que autorizem o seu cartão, tem de apresentar três referências e passar por uma revista só para conseguir uma reserva num restaurante da moda. No Japão, eles simplesmente confiam que você pagará na saída. E as pessoas pagam. As pessoas agem como pessoas honradas ou como bandidos, dependendo de como são tratadas."

Quanto mais eu procurava encontrar falhas na teoria do Sr. Everit a respeito do dinheiro com contentamento, mais compreendia que ele tinha pensado muito bem no assunto. E o que era mais impressionante ainda, a sua fábrica era um lugar de contentamento. As pessoas estavam quase sempre sorrindo, o trabalho saía e havia pouca troca de funcionários. Obviamente, o respeito que ele demonstrava para com sua equipe gerava resultados muito práticos.

"Tudo depende das suas intenções", explicou. "Ajudar as pessoas está no topo de sua lista, mais ou menos no meio ou lá embaixo?" Então, ele me olhou com aquele seu olhar que parecia não ver nada e perguntou: "Quanto você ganhou no ano passado?"

Hesitei em responder. Era um assunto pessoal. Além disso, a questão me embaraçava. Mas, dessa vez também, talvez ele estivesse tentando me ajudar. "Uns trinta e cinco mil", respondi.

"Quantas vidas você mudou para melhor?"

Tive de pensar um pouco. "Não sei... algumas, com certeza... eu não poderia dizer com exatidão."

"Então vá para casa e pense sobre isso. Quando você souber de cor e salteado o número mínimo de pessoas que você ajudou, tanto quanto sabe sobre o seu saldo bancário, você terá entendido o que é dinheiro com contentamento."

O que aprendi com o Sr. Everit:

- O dinheiro é uma corrente de energia que se transforma em bem ou em mal, dependendo de como você pensa nele e o emprega.
- Se as pessoas conhecessem seu poder de gerar riqueza, não precisariam negá-la aos outros ou coagi-los.
- O único dinheiro que vale a pena ter é aquele que é oferecido e recebido com alegria e de espontânea vontade.

Outras coisas que ele disse:

- O problema da corrida de ratos é que, mesmo se vencer, você continua sendo um rato (Lily Tomlin).*
- Você não vai chegar ao céu mandando os outros para o inferno.
- Cuide das pessoas e a vida cuidará de você.

O que eu fiz:

- Devolvi a Jesse Wilcox os 100 dólares que lhe cobrei pelo amassado que descobri no meu carro, embora ele jurasse que não teve culpa.
- Deixei de mandar donativos para instituições que enviavam à minha revelia adesivos com o meu endereço, pelos quais eu me sentia obrigado a pagar.
- Fiz uma lista das pessoas que ajudei no ano anterior. Neste ano, ela vai crescer.

---

* A expressão rat race (corrida de ratos) refere-se a um estilo de vida em que as pessoas se vêem presas numa competição feroz por dinheiro ou poder.

Lição 9

Faça o que você quer

No final de maio, o Sr. Everit viajou a Minneapolis para se encontrar com alguns dos nossos fornecedores. Ele viajava algumas vezes ao ano e sempre voltava com tantos presentes que alguém poderia imaginar que ele tinha ido a Bora Bora. No carro, enquanto ia buscá-lo no aeroporto, eu me perguntava se ele nos considerava a família que nunca teve. Ou talvez fosse apenas uma pessoa generosa, que queria desfrutar do seu dinheiro enquanto pudesse.

Avistei-o quando ele descia a escada rolante; nunca parecia cansado depois de suas viagens. Quando estávamos perto da esteira de bagagens, perguntei-lhe como podia estar tão calmo. Ele franziu o rosto como Yoda e respondeu em voz grave: "*Não tente, apenas faça*". E riu-se. "Sabe, como o açougueiro que está sempre com a faca afiada porque corta em volta da cartilagem e nunca tenta lutar contra ela."

Não, eu não conhecia esse açougueiro. Todos os que conheci tinham muito sangue no avental.

Quando saíamos do estacionamento do aeroporto, tivemos de ficar numa fila demorada para pagar a taxa. Comecei a ficar impaciente. O que estaria atravancando o serviço?

Finalmente, ao chegar à cabine, nos vimos diante de um italiano bem apessoado, pele bronzeada e abundantes cabelos brancos. Ao nos entregar o troco, desandou a cantar vários versos vibrantes da *La Traviata*. A princípio pensei que fosse um tanto amalucado, mas, quando armou a voz para o coro, notei um raro brilho em seus olhos. Ele estava se divertindo imensamente – e também não era mau cantor. Quando o homem finalizou sua apresentação, o Sr. Everit e eu sorrimos e aplaudimos.

Ao sairmos para a rodovia estadual, o Sr. Everit perguntou-me: "Sabe o que a maior parte das pessoas considera o emprego mais aborrecido do mundo?"

"Guarda de segurança?"

"Não! *Cobrador de cabine de estacionamento*. Li isso numa revista."

Ele sempre parecia ter os fatos de que necessitava na ponta da língua. Será que os maquiava?

"Você acha que o cobrador do estacionamento lá atrás estava entediado?", perguntou-me.

"Certamente que não", respondi, com um sorriso sem graça. "Estava se divertindo à beça."

"'*Pegue o que tem e faça o que quer*'", declarou o Sr. Everit, secamente.

"Pegue *o que...*?"

"Pegue o que tem e faça o que quer", repetiu, apoiando-se nos fatos. "É o segredo da felicidade. Pode-se contar nos dedos as pessoas que entendem isso. Você acaba de ver uma demonstração ao vivo."

"Aquele cobrador?"

"Aquele homem supostamente tem o emprego mais aborrecido do mundo – e estava no céu! A menos de um quilômetro dali, milhares de pessoas, com mais dinheiro e mobilidade, estão apressadas e preocupadas. Aquele homem, no seu cubículo apertado, recusou-se a se deixar sufocar por sua condição. Pegou uma cabine árida, bem no meio de motoristas impacientes e da fumaça malcheirosa dos escapamentos, e transformou tudo isso numa sala de ópera. Isso é o que chamo da mais pura alquimia."

Olhei para a cabine que ficara para trás, agora apenas um ponto à distância. Ainda havia uma fila de carros esperando pelo surpreendente concerto.

"O senhor acha que é possível fazer isso com qualquer trabalho?", perguntei. "Pode-se pegar qualquer emprego e fazer isso funcionar?"

"Há duas formas de você transformar a sua vida", respondeu ele. "Você pode mudar seu ambiente ou pode mudar sua maneira de pensar. Às vezes você pode mudar seu ambiente. Mas sempre pode mudar sua maneira de pensar. É a única coisa sobre a qual você sempre terá poder. As pessoas de sucesso encontram meios de brilhar no lugar exato onde estão."

Se fumasse, eu teria acendido um cigarro. Em vez disso, peguei um chiclete do Sr. Everit. Ficamos em silêncio por um longo tempo. Finalmente, perguntei-lhe: "Isso significa que temos de suportar empregos aborrecidos ou casamentos que já chegaram ao fim?"

"Não, de jeito nenhum", ele balançou a cabeça negativamente, como se soubesse exatamente o que eu perguntaria. "Significa justamente que ninguém espera que você tolere situações que vão contra a sua alma."

"Então, o que fazemos quando estamos presos numa situação horrível da qual não dá para escapar?"

"Encontramos meios de cuidar de nós mesmos. Conheço uma mulher na Grécia que foi casada durante muito tempo com um camarada detestável. Quando ela lhe pediu o divórcio, ele recusou. Então, ela decidiu que, se tinha de ficar, daria a si mesma o amor que não recebia dele. A cada dia, ela escrevia para si mesma uma carta de amor, como a que ela gostaria que um homem amoroso lhe enviasse. 'Querida Geórgia, você é uma deusa bela, sábia, preciosa e sensual. Te amo e sempre te amarei, com todo o meu ser.' E assim foi, por semanas."

"E onde isso a levou?"

"Um dia, o marido encontrou uma das cartas. Vendo que não estava assinada, presumiu que era de outro homem. Ele sacudiu a carta no nariz dela e disse: 'Não posso competir com isto... Você pode ter o seu divórcio!'"

Bem, isso com certeza deixaria muitos advogados sem emprego.

"Essa mulher literalmente amou a si mesma a ponto de conseguir se libertar de um mau casamento", acrescentou ele. "Quando ela decidiu ser a fonte da sua própria felicidade, tudo ao seu redor mudou. Melhorar a sua qualidade de vida é um trabalho interior. Se fizer apenas mudanças superficiais, só estará mudando a posição das cadeiras no deque de um navio naufragando."

Isso me pôs a pensar. "Tá bom, então veja se este exemplo se encaixa na sua teoria", desafiei-o com falsa confiança. Ele só me olhou, levantando uma das sobrancelhas, como um veterano experiente brincando com um garoto pretensioso. "Tenho de me mudar no fim deste mês. No mês passado, rodei a cidade inteira com um corretor de imóveis e encontramos uma casa. Era pequena e a vizinhança, barulhenta; mas, como tenho pouco tempo, eu disse ao corretor que ficaria com ela. Ele me disse que faria o contrato de locação e me telefonaria quando estivesse pronto.

"Não deu sinal de vida por algumas semanas, de modo que ontem lhe telefonei e perguntei o que estava acontecendo. Ele me disse, acanhado, que o locador decidira não alugar para mim porque ele preferia alguém da sua própria religião.

"Fiquei indignado. Isso é discriminação! Agora não terei uma casa tão cedo. O senhor acha que eu deveria processá-lo?"

O Sr. Everit fez estourar uma bola de chiclete e respondeu em voz baixa: "Eu não perderia meu tempo com isso".

"Por que não?"

"Rejeição é proteção. Se ele não quer você lá, acredite, é melhor não estar lá."

"Mas agora tenho de começar tudo de novo!"

Ele me olhou direto nos olhos: "Você acredita de verdade que o dono desse imóvel é a fonte do que você precisa?"

"O que o senhor quer dizer com isso?"

"As pessoas acham que existe um companheiro, uma casa ou um emprego que elas têm de ter e, se não conseguirem, estão arruinadas. Isso é ridículo! Nenhuma pessoa, lugar ou empresa é a fonte do seu bem. A vida é a fonte do seu bem, e ela tem meios inteligentes de proporcionar tudo de que você necessita. O tabuleiro do jogo é muito maior do que o seu entendimento."

Justamente nesse momento baixamos a velocidade diante de um farol, o último antes da casa do Sr. Everit. "Levante a mão", ordenou ele.

Agora essa? "O senhor quer que eu faça algum tipo de juramento?"

"Não, só quero que você perceba a lógica da sua vida... Levante a mão e curve o dedo indicador no formato de um "C" bem fechado.

Eu me senti um bobo e fiz uma careta. Mas, por via das dúvidas, fiz o que ele mandava.

"Agora olhe através do pontinho de luz no meio e diga-me o que vê."

Olhei, mas não podia ver quase nada. "Não muita coisa", disse.

"Tem razão", concordou o Sr. Everit. "Isso é o que qualquer um de nós vê num dia bom... Agora abra aos poucos o dedo indicador e continue olhando."

Continuei o jogo.

"O que você vê agora?"

"Muito mais."

"Certo, você acaba de ver o Quadro Inteiro. Ele estava lá, embora você visse apenas uma pequena peça do quebra-cabeça."

"Isso é algum tipo de truque?"

"Um truque que não chega nem perto do que a sua mente faz quando lhe diz que você é uma pessoa sem poderes", asseverou. "Quando você pensou que só aquela casa servia, estava olhando através do furinho da mão. Abrir o dedo é como reconhecer o Quadro Inteiro. Pare de dizer a Dominic como engendrar o seu sucesso. Só relaxe, faça o que puder quando puder e procure por sinais."

Nesse momento estávamos passando pela entrada da casa do Sr. Everit. Quando descia do carro, ele me disse: "Agradeça por não ter conseguido aquela casa – nossa, você nem gostava dela!". Ele se voltou e encaminhou-se para a porta da frente.

Eu só fiquei ali, sentado, balançando a cabeça, como sempre.

Ao voltar para casa, senti vontade de ir por uma estrada afastada; imaginei que o cenário do campo me ajudaria a clarear as idéias. Ao longo do caminho, notei uma casa com a placa *Aluga-se* fincada na grama. Só por capricho, estacionei e perguntei. A proprietária ficou feliz em me mostrar o local. A casa ficava numa área silenciosa, tinha muito espaço, um aluguel menor do que o da casa que não havia dado certo e ficava a dez minutos da fábrica. E a senhora estava encantada com a perspectiva de alugá-la para mim. A casa era perfeita, em todos os aspectos. Aluguei-a no ato e depois me mudei para lá muito antes do que eu precisava.

Parece que o universo estava conspirando para cuidar de mim, a despeito de meus esforços para dizer a ele como fazer isso.

O que aprendi com o Sr. Everit:

- Posso fazer qualquer coisa, com qualquer coisa.
- Se não puder mudar uma situação, posso reenquadrá-la em minha mente de modo que ela opere em meu favor.
- Nenhuma pessoa ou empresa, por si só, é a fonte do meu bem. Minha fonte é infinita e pode vir ao meu encontro de maneiras que eu nunca sequer imaginei.

Outras coisas que ele disse:

- Quando chega um momento de definição, ou você define o momento ou ele define você. (Do filme Tin Cup).
- Lute para conseguir, lute para manter.
- Para a teia começada, Deus envia os fios.

O que eu fiz:

- Pintei as paredes do meu escritório com a minha cor preferida. Não me preocupei em saber se as outras pessoas aprovariam, pois eu é que teria de conviver com ela.
- Escrevi uma carta de amor para mim mesmo (no mínimo, tenho um fã).
- Fiz um quadrinho e colei um lembrete na borda da minha mesa: LEMBRE-SE DO QUADRO INTEIRO.

Lição 10

Vá com calma

Na manhã seguinte, me atolei no trabalho logo que pus os pés no escritório. O telefone só tocava, minha caixa de e-mails estava cheia e uma furadeira idiota escolheu funcionar justo debaixo da minha janela. Finalmente esgotado, fugi para o escritório do Sr. Everit, onde o encontrei recortando um formulário de pedido de um catálogo de invenções estranhas. Ele me mostrou com orgulho uma foto da *The Ultimate Back-Scratching T-Shirt*, a última moda em camiseta para coçar as costas, que tinha um tipo de grade de bingo impressa nas costas e vinha com um pequeno cartão acompanhando. "Desse jeito, quando Marlene coçar minhas costas, não vou ter de ficar dizendo 'mais para cima, para a esquerda'", exclamou, como se tivesse acabado de descobrir a Pedra da Roseta. "Só preciso dizer: 'C-7'."

Vá lá.

Todo animado, contei ao Sr. Everit como eu havia encontrado a minha nova residência. Ele me deu um vigoroso aperto de mão e disse: "Você acabou de aprender a lição que pouparia à maior parte das pessoas vários anos de sofrimento, se elas conseguissem ao menos compreendê-la".

"E que lição é essa?"

"*Dê tempo ao tempo.* Quando você se descontrai e segue a sua intuição, é guiado para o lugar certo. Não foi por acidente que você sentiu vontade de tomar aquela estrada para voltar para casa – seu piloto interior conduziu-o impecavelmente. Agora, o que você tem a fazer é apenas confiar nesse sentido e usá-lo ao máximo. Assim você alcançará as suas metas na velocidade da luz, enquanto as pessoas ao seu redor estão se degladiando porque pensam que a vida é uma disputa."

Uma vez mais o Sr. Everit contestava muito do que me havia sido ensinado sobre como ter sucesso. "Mas a luta não é uma parte necessária da vida?", perguntei, impetuosamente. "Sabe, aquela coisa de que só sobrevivem os mais fortes?"

" 'Os mais fortes' não são, necessariamente, aqueles que têm mais músculos. Os realmente fortes são aqueles que conseguem se adaptar a qualquer situação. Os dinossauros eram grandes e fortes, mas eram também desengonçados e pouco adaptáveis..."

" ... assim como várias pessoas".

"Pode apostar. Mas a sabedoria e a compaixão sempre acabam prevalecendo sobre as táticas dos valentões. As pessoas que confiam mais em armamento pesado podem ter vitórias de curto prazo, mas pode acontecer de atirarem no próprio pé. Já leu *The Darwin Awards*? Como o camarada que tentava tirar, de uma máquina de Coca-Cola, uma latinha de soda grátis, até que a máquina caiu sobre ele e o esmagou?"

Certamente eu li *The Darwin Awards**. As pessoas com cérebro de formiga que livram a nossa evolução da sua péssima carga genética.

"Mas muitas pessoas no mundo dos negócios não são muito mais evoluídas do que os broncos", fiz notar. "Em vez de chacoalhar uma máquina de Coca-Cola, estão cortando a garganta uns dos outros."

"E são miseráveis", acrescentou ele. "Não se deixe enganar pelos Porsches e pelas namoradas magrelas que eles têm. Não podemos cortar a garganta de alguém e deixar a nossa intacta." Por um instante, o Sr. Everit fez uma pausa, coçou o queixo, pensativo, e perguntou: "Sabe em que dia e hora da semana morrem mais pessoas?"

"Quando abrem o extrato do cartão de crédito?"

"Não! Às 9 horas da manhã de segunda-feira. Li isso num livro de estatísticas médicas. Esse fato me diz que a maior parte das pessoas prefere cair morta a ir trabalhar."

Não me surpreendi. "Então estamos destinados a nos arrastar pela vida como mulas em areia movediça e morrer um pouco, a cada dia, até emborcarmos de vez?"

Ele balançou a cabeça, negativamente. "Ninguém está destinado a fazer coisa alguma. Nós determinamos nosso destino suportando uma vida mais limitada do que nós."

---

* Prêmios que homenageiam os casos de pessoas que morreram acidentalmente das maneiras mais estúpidas possíveis.

"Bom, isso parece muito nobre, Bert, mas no mundo corporativo é tudo muito frio. Você tem de assumir um monte de compromissos e se submeter a regras sem fundamento para não se dar mal. É uma selva de pedra – eu sei, eu estive lá."

"Vem cá", apressou-me, fazendo-me acompanhá-lo pelo saguão, até o seu apartamento. Afofou as almofadas de seu sofazinho e convidou-me a sentar em frente à televisão. Começou então a vasculhar uma coleção de vídeos guardados numa caixa de sapatos desbotada, sob o aparelho.

"Em toda a sua fúria, a natureza instila compaixão em suas fibras", anunciou, por sobre o ombro. "Lembra-se daquela história nos jornais sobre a gorila do zoológico perto de Chicago?"

"Não, não me lembro."

"É para nos abrir os olhos", praguejou, ainda vasculhando a caixa. "Eu estava assistindo ao noticiário uma noite e... ah! Aqui está!"

Como um menininho ansioso para me mostrar a sua figurinha favorita do álbum de beisebol, o Sr. Everit inseriu a fita no vídeo. Aconteceu de alguém estar filmando a jaula do gorila, no zoológico de Brookfield, quando um menino de três anos de idade pulou o muro de segurança e caiu de uma altura de cinco metros, num piso de concreto. Sofreu ferimentos na cabeça e ficou ali desmaiado no meio de um grupo de gorilas. A mãe ficou histérica, enquanto pessoas chocadas corriam para procurar os funcionários do zoológico. Antes que alguém chegasse onde estava o menino, uma gorila chamada Binti Jua, com o filhote pendurado às costas, afastou os outros animais e tomou nos braços a criança inconsciente. Com ternura, levou-a até a porta da jaula e entregou-a a um atendente. Mais tarde, naquele mesmo ano, uma revista de circulação nacional nomeou Binti Jua como a "Humanitária do Ano".

"Surpreendente!", tive de admitir.

"Não mais surpreendente do que aquilo que o gerente mais cabeça-dura pode fazer se pensar com o coração."

"Mas, e o que dizer do ditado 'sem dor nada se ganha'?", provoquei. "Essa frase estava colada nos vestiários de todas as escolas que freqüentei."

"Eu sei", fez ele, massageando a barriga. "Mas eu com certeza ganhei!", riu-se. "Esse ditado é uma meia-verdade", acrescentou, agora mais sério. "Está certo, aprendemos com a dor, mas aprendemos também com facilidade e alegria – às vezes, desse jeito aprendemos mais. Quando aprendemos a andar de bicicleta, aprendemos com as quedas, mas também – talvez mais – quando conseguimos nos equilibrar e nos divertir. A dor tem um propósito, mas ela é valorizada demais como ferramenta de aprendizado. Se prestássemos atenção nos sinais interiores e nas respostas que nos vêm do ambiente que nos cerca, a vida não precisaria nos dar uma porretada para chamar a nossa atenção."

Isso tudo parecia fácil demais. "Mas, se as pessoas derem tempo demais ao tempo, acabaremos nos tornando uma sociedade preguiçosa, não produtiva."

"Não tenha tanta certeza. Meu amigo Hal Moskowitz ficou estressadíssimo gerenciando uma grande cadeia de lojas de material hidráulico. Então procurou um terapeuta para ajudá-lo a manter a sanidade mental e seu emprego, sem falar da sua saúde. O terapeuta convenceu-o a tirar um dia útil de folga na semana, apenas para fazer coisas que achasse relaxantes. Aí ele foi à praia, jogou golfe, levou seus cachorros para longas caminhadas no parque. Logo descobriu que as idéias e a criatividade geradas espontaneamente durante aquele único dia da semana tornaram sua semana de quatro dias úteis muito mais produtiva e prazerosa do que antes. Agora ele sempre pratica o relaxamento criativo."

Enquanto conversávamos, caminhamos até o pequeno pátio do Sr. Everit. Era muito bom poder só trocar idéias com ele, especialmente depois de fugir da infernal escrivaninha. Ele me trouxe um refrigerante gelado e uma travessa com bolinhos de chocolate e menta. Mal nos servimos e uma BMW Z-4 azul, novinha, passou pela única esquina que podíamos enxergar. Vimos o que parecia mãe e filha, cada uma falando no próprio celular. A cena parecia extraída de Beverly Hills; achamos graça.

"Veja o celular", comentou. "Grande invenção! Quando tive meu primeiro, eu não era o dono dele – ele era meu dono. Até que, uma manhã, estava sentado tomando meu café da manhã no Ambassador Hotel, com alguns amigos, quando tive de atender a uma chamada de negócios. Fiquei tão envolvido na conversa que não saboreei um só pedaço da minha omelete nem desfrutei da companhia dos amigos. Quando nos despedimos, compreendi que perdera a oportunidade de estar com eles. Tinha perdido preciosos minutos da minha vida. Para mim, aquele foi um ponto decisivo. Agora a vida vem em primeiro lugar, o celular em segundo. Não me interessa quantos painéis frontais intercambiáveis, de todas as cores do arco-íris, eles possam me oferecer."

Pensei na minha prima Laura que, se pudesse, faria uma cirurgia para implantar o celular na orelha. Ela não fazia uma refeição completa desde 1997.

"Toda a tecnologia que nos faz economizar tempo e trabalho é maravilhosa", continuou, "mas o que você faz com o tempo a mais que essas engenhocas lhe proporcionam? Emprega em coisas que tornam sua vida mais gratificante ou só preenche o tempo com mais coisas que se obriga a fazer? Pelo que me consta, a única medida verdadeira do sucesso é a felicidade. Que bem fazem os brinquedos da moda se a sua alma se perder no caminho?"

"Eu não estou no mercado de brinquedos da moda", interrompi, com amarga ironia. "Ficaria feliz se tivesse minhas contas pagas. Por falar nisso, o senhor bem poderia fazer o meu contracheque nominal ao Citibank Visa."

"Boa idéia. Onde quer que esteja, esse é o seu ponto de partida. Na próxima vez em que ficar estressado, pergunte a si mesmo: 'Como eu poderia fazer isso de maneira diferente, se quisesse deixar mais fácil?'. Assim você paga suas contas, mas não permite que elas roubem sua felicidade. Pense em algum conhecido seu que leva as coisas com calma e imagine como ele encararia a mesma tarefa."

Pensei em meu tio Sandor. O homem não deixava que nada o pusesse pra baixo; enfrentava tudo com serenidade. Tinha um adesivo no carro que dizia: "*Sou muito abençoado para viver estressado*".

"Você sempre pode atingir um nível de relaxamento mais profundo em qualquer situação", continuou o Sr. Everit. "Pergunte a si mesmo que nível é esse e estará começando a atingi-lo."

"Mesmo quando Shirley Jackman, aquela bruxa velha da contabilidade, me chama para descontar sua raiva? Deus, a gente chega a pensar que ela está praticando a terapia do grito primal!"

O Sr. Everit revirou os olhos; ele também se sentia incomodado com ela. "Você pode ter de aturá-la, mas não tem de levar isso para o lado pessoal", respondeu. "Só lembre que não tem relação com você. Se ela estiver totalmente fora dos eixos e você se mantiver calmo, terá muito mais condições de enfrentar a situação. As pessoas implicantes estão fora de si. Quando você está centrado, acaba triunfante."

"E quando estou com três telefones tocando, todos de uma vez...?"

"Só porque a tecnologia permite que você faça uma dúzia de coisas ao mesmo tempo, isso não significa que deve fazer. Equilibre quantos pratos puder sem deixar que eles se quebrem na sua cabeça. Se conseguir dar toda a sua atenção a uma coisa de cada vez, tudo o que você fizer será com capricho."

Pronto, me pegou outra vez. Respirei fundo e *com calma* voltei para o meu escritório.

O que aprendi com o Sr. Everit:

- A calma é uma atitude mais útil para o sucesso do que a luta.
- Minha intuição é sábia – só tenho de ouvi-la.
- Sempre posso atingir um nível mais profundo de relaxamento em qualquer situação.

Outras coisas que ele disse:

- Não é por acaso que as pessoas não têm sobre o criado-mudo uma foto do escritório onde trabalham.
- Antes de subir a escada do sucesso, esteja certo de tê-la apoiado na parede certa.
- As horas que nos fazem felizes nos tornam sábios (John Masefield).

O que eu fiz:

- Passei a almoçar perto do lago, em vez de comer sentado à escrivaninha do meu escritório.
- Passei a desligar meu celular quando estou com pessoas que valorizo.
- Comprei a camiseta para coçar as costas com a esperança de encontrar alguém para me ajudar a usá-la.

Lição 11

Felizes e famintos

No primeiro dia de verão, o Sr. Everit convidou-me para ir à sua casa, inaugurar a estação dos banhos de piscina. O sol estava tão bom que nos sentamos ao lado da piscina, nos servindo à vontade de uma pequena montanha de *nachos*, enquanto Marlene flutuava numa bóia em forma de espreguiçadeira, saboreando uma *margarita* gelada e imersa na leitura da *Cosmopolitan*. Eu curtia um CD de Dave Mathews no *discman*, quando senti alguém batendo em meu ombro. Tirei o fone de ouvido e me sentei, deparando-me com Bert Everit com um exemplar do *USA Today* na mão.

"Você precisa ver isto", cutucou-me, passando o jornal e apontando para uma pequena ilustração de uma carinha amarela sorridente. "O jornal fez uma pesquisa perguntando a pessoas muito bem-sucedidas o que vinha em primeiro lugar para elas: felicidade ou sucesso?"

"E eles não me incluíram na pesquisa?", perguntei, indignado.

Ele balançou a cabeça. "Bem, eles não explicam o critério que usaram."

"Ah, tudo bem... O que descobriram?"

"Sessenta e três por cento disseram que eram bem-sucedidas porque eram felizes. Trinta e sete por cento disseram que eram felizes porque eram bem-sucedidas."

Hmmmm. "E em qual categoria o senhor se encaixa, Sr. Everit?"

"Bom, ninguém precisa de pós-graduação para saber isso", respondeu, fazendo uma pausa para engolir uma batatinha especialmente apimentada. "Se a sua felicidade depender do sucesso, qualquer pequeno revés o levará para o fundo do poço. Aí você vai parecer uma rolha, balançando para cima e para baixo num oceano tempestuoso." Ele fez graça, imitando o movimento com a cabeça e franzindo os lábios como se estivesse enjoado. "As pessoas que decidem ser felizes, não importa a quantas anda o mercado, encontram todo tipo de coisas que as levem a se sentir bem-sucedidas – e atraem mais coisas ainda."

Então deu de ombros e afirmou, categórico: "Não preciso de mais dinheiro... tenho o suficiente".

Sua declaração me chocou; nunca tinha ouvido ninguém dizer que tinha dinheiro suficiente. Mesmo as pessoas mais ricas que conheço sempre precisam de mais. Alguns dos poucos milionários que conheci se queixavam mais que as pessoas que recebem auxílio-família. Parece que os que pensam que não têm dinheiro suficiente nunca o conseguem, e os que pensam que têm o suficiente, nunca sentem falta dele.

"O senhor está realmente satisfeito com o que tem?", perguntei, sem acreditar no que ouvia. "Não quer ficar mais rico?"

"Já sou rico", respondeu, com autoridade. "De fato, sou o homem mais rico do mundo."

O quê? "Ora, vamos, Sr. Everit, sei que o senhor tem uns dólares no banco, mas não é nenhum Bill Gates, nem a Oprah."

Ele sorriu. "Sem dúvida, não sou bilionário. Se você definir riqueza como dinheiro, estou bem na média. Mas, se considerar os imensos bens da minha vida, estou muito bem servido. Tenho uma esposa adorável... um emprego que me preenche... amigos com quem dou boas risadas... pores-do-sol maravilhosos... livros inspiradores... músicas que alimentam a minha alma. É claro que tenho meus desafios, mas eles me ajudam a ficar mais forte. Se começo a entrar em pânico, lembro quantas bênçãos já recebi e as coisas mudam de figura. E, agora, tenho você aqui. O que mais um homem poderia desejar?"

Reclinou-se na cadeira e inspirou profundamente, pensativo. "Não, senhor, Bill e Oprah não têm nada que Bert Everit não tenha", declarou. "Quando se trata da verdadeira riqueza, sou mais rico do que um rei."

Não havia nada que eu pudesse dizer a respeito. Bert Everit descobrira as riquezas que tantos procuram, mas tão poucos encontram. Comecei a considerar que talvez eu também tivesse o suficiente mesmo sem me dar conta disso. Talvez estivesse me saindo melhor do que pensava.

Ele, mais uma vez, leu meus pensamentos. "'Suficiente' não é uma quantidade ou condição a ser atingida", explicou. "É uma atitude que você cultiva. A maioria das pessoas sofre um bocado para decidir como investirá o seu dinheiro, mas pensa pouco em como está investindo seus pensamentos, o que é muito mais importante. Desperdiça a maior parte da sua atenção numa coisa que deu errado e não vê as milhares que deram certo. Não entende que você obtém mais daquilo em que coloca a sua atenção."

"Então, todos no planeta vivemos nossa própria realidade e todos só ficamos procurando evidências que comprovem aquilo em que acreditamos?"

"Eu mesmo não teria resumido tão bem!", ecoou, passando-me os *nachos*. "Considere a supermodelo que você mais admira, por exemplo. As pessoas só usam superlativos ao falar do corpo perfeito dela, onde quer que ela esteja. Mas ela mesma não se acha tão bonita assim. Entra em pânico diante da mínima ruguinha, verruga ou barriga. Sobrevive comendo uma folha de alface por dia e toma purgante se comer uma barra de chocolate. Medo e ansiedade constantes. Uma mente autocrítica num corpo perfeito transforma a vida num inferno."

Eu nunca tinha pensado nisso dessa maneira. Sempre invejei mulheres fabulosas ou homens bonitos. Para mim, eles eram abençoados.

"Em comparação, quando Marlene e eu visitamos uma praia do Mar Negro, mal pudemos acreditar na condição de alguns corpos exibidos! Estavam mais para *National Enquirer* que para *Vogue*! Homens com cicatrizes maiores que a Transamazônica e mulheres com seios que chegavam quase nos joelhos. Ainda assim, caminhavam para lá e para cá de *topless* e biquininhos como se fossem a Julia Roberts! Devo dizer que fiquei muito impressionado com sua postura despreocupada. A mente que se aceita num corpo imperfeito se traduz num dia maravilhoso na praia."

Tudo bem, eu compreendera a idéia. "Mas, se todo mundo aceitar tudo como é, nunca chegaremos a lugar nenhum", respondi, discordando. "Ninguém se esforçaria para melhorar. Não é importante lutar por mais? Estipular metas que nos obriguem a nos superar?"

"Exatamente! Só não se desaponte se não conseguir fazer tudo. No dia em que morrer, haverá e-mails na sua caixa."

Ah, agora sim, um pensamento equilibrado.

"A viagem é mais divertida que a chegada", insistiu ele. "Você nunca acordará um dia, limpará as mãos e declarará 'Ah, cheguei, isto é que é! Consegui!' Você sempre vai querer ou precisar fazer mais. É como a propaganda do Lexus, com a pergunta: *'Por que perseguir a perfeição, se você pode dirigi-la?'* Milhões de pessoas vêm buscando a perfeição; muito poucas a dirigem. Você não precisa de um Lexus para isso; só precisa decidir desfrutar da corrida."

"Então, não precisamos morrer e ir para o céu para sermos felizes?"

"Não, que diabos!", urrou. "O paraíso não é o lugar onde chegamos no final. É um sentimento de alegria, justamente no lugar onde você está. Todos nós florescemos em meio ao movimento, à cor, ao contraste e aos novos estímulos. Honestamente, por quanto tempo você conseguiria ficar deitado numa nuvem, ouvindo harpa? Eu, em meia hora, ficaria louco!"

Tive de rir; ponto para ele. "Sendo assim, o processo para alcançar a perfeição é parte da perfeição?"

"Claro! Podemos apreciar o que temos, sem deixar de lutar por algo melhor. As duas coisas não se excluem. Podemos viver 'felizes e famintos'."

Felizes e famintos. Nunca tinha pensado nessas duas coisas juntas. Conhecia poucas pessoas felizes. A maior parte delas era faminta.

Uma estranha pergunta ocorreu-me. "O senhor é realmente feliz, Sr. Everit?", deixei escapar, direto. De repente, temi ter ultrapassado meus limites. Mas era tarde demais. Eu também poderia perguntar o que eu realmente gostaria: "O senhor nunca teve medo ou se sentiu deprimido?"

Bert Everit ficou em silêncio por alguns poucos segundos, mas que a mim pareceram uns dez minutos. Então balançou a cabeça afirmativamente: "Certamente... como você, sou uma obra em curso".

"O senhor sempre parece tão lúcido e otimista. Às vezes eu me pergunto se comete erros."

"Deus meu!", riu-se ele. "Tudo o que sei é resultado dos erros que cometi! Fiz tanta burrada que sou perito no que não fazer! Os erros têm sido meus maiores mestres!"

Então o Sr. Everit ficou com um ar melancólico e, ao contrário do que sempre fazia, afastou o olhar do meu. Nunca o vira tão desconcertado. Se não o conhecesse melhor, juraria que vi uma pequena lágrima no canto do seu olho.

"O senhor está bem?", perguntei.

Ele fez o melhor que pôde para se recompor, mas eu poderia afirmar que alguma coisa o preocupava.

"Já ficarei bem", respondeu, concisamente. "Você só me lembrou de um erro que cometi há muito tempo – algo que ainda estou tentando retificar."

"O que foi?"

Ele pensou por um instante, obviamente lutando contra si mesmo. "Não é algo de que eu possa falar agora", respondeu. "Um dia lhe direi."

Foi a coisa mais estranha que ele me disse. Decidi deixar as coisas como estavam.

O que aprendi com o Sr. Everit:

- A felicidade não é algo que acontece a você. É uma atitude que você cultiva.
- Você é rico quando se sente rico. Há um número imenso de riquezas que estão além do dinheiro.
- Desejar mais é saudável e natural. Só não se esqueça de desfrutar do que tem.

Outras coisas que ele disse:
- Por que ficar rico em breve, se você pode ser rico agora?
- Há somente duas maneiras de viver a vida: Uma é como se nada fosse um milagre. A outra é como se tudo fosse um milagre (Einstein).
- A pessoa de visão prospera em qualquer condição.

O que eu fiz:
- Fiz uma lista das razões por que tenho o suficiente.
- Fiz uma lista das razões por que eu quero e mereço mais.
- Coloquei ambos os papéis à minha frente, sobre a mesa, e neles fixei meu olhar até que o nó em meu estômago desaparecesse.

Lição 12

O mantenedor da fé

"Sr. Everit, nosso sistema saiu do ar!" Janie Hampton gritou, lá de baixo, no saguão. Justamente o que precisávamos naquela manhã, após o feriado de 4 de julho, quando as vendas de verão estavam no auge. O Sr. Everit tinha me avisado que o verão seria bem movimentado e não estava brincando. Agora, isso. Por que as coisas davam errado justamente quando tudo parecia ir bem?

Corri para fora do meu escritório e acompanhei o Sr. Everit até a escrivaninha do nosso especialista. Nosso mago do computador, Tony Rowe, estava tentando consertar o sistema, sem obter resultados. Logo as pessoas de todos os departamentos estariam tendo ataques de nervos. Ninguém poderia acessar qualquer dado e estaríamos perdendo pedidos minuto a minuto.

"Chamaram Lenny Stillwell?", o Sr. Everit perguntou a Janie. "Se ele programou nosso sistema, pode consertá-lo."

"No escritório dele, disseram que ele estava de férias em Cancun", relatou ela, balançando a cabeça negativamente. "Não disseram quando entrariam em contato com ele."

"Então tente outros técnicos de computador. Encontraremos alguém."

Sem uma palavra, o Sr. Everit se virou e foi para a sala de descanso dos empregados. Eu corri atrás, esperando mais comentários. "O senhor não está preocupado?", perguntei. "Isso poderia atrasar tudo por dias!"

Ele abriu a porta da sala para me dar passagem e respondeu: "De fato, conheço um camarada que me provou que ficar preocupado adianta alguma coisa".

"É mesmo? Como ele conseguiu isso?"

"Ele pôs no papel todas as suas preocupações e viu que nenhuma delas se tornou realidade."

Ele me pegou.

O Sr. Everit se aproximou da máquina de venda automática e comprou uma barra de chocolate. "Você gostaria de saber sobre o que eu me preocupo?", perguntou, por sobre o ombro.

"Ah, para isso eu não me importaria em dar até o meu contracheque."

"Isso não seria necessário", respondeu. "Depois que souber, você merecerá o dobro do seu salário."

Ele puxou sua cadeira para perto da minha, deu uma longa e grudenta mordida no chocolate e começou a folhear uma revista de automóveis que estava sobre a mesa. Folheou-a durante vários minutos, sem dizer nada. Comecei a perguntar-me se ele se esquecera do que falávamos. Talvez os burritos que comera estivessem começando a lhe fazer mal.

Finalmente, exclamou: "Ah!" e virou a revista para mim, apontando para um anúncio de carro. "Este, meu amigo, é o novo Thunderbird."

Analisei o carro. Muito bonito.

"Esses T-birds novos são uma ressurreição do modelo clássico original. Você ficaria impressionado se soubesse que eu tive um deles?"

"Meu Deus! Posso tocar o senhor?"

"Não, mas pode me ouvir, uma vez que o que estou para contar lhe economizaria toda uma vida de angústia, sem falar da despesa considerável com terapia e pílulas de prozac – se você conseguir superar essa sua tendência à irreverência."

"Está certo, está certo."

Ele se curvou como se fosse se confessar a um padre. "Tive um T-bird por cinco anos e o mimava como a um bebê. Quando me casei com Marlene, não cabíamos, nós mais o Sadie, seu cachorro Retriever dourado, no espaço dos assentos, de forma que tive de trocar o carro. Imagine como odiei me desfazer dele – mas você tem de fazer o que as circunstâncias obrigam. De maneira que anunciei no jornal e uma mulher telefonou, interessada na compra. Combinamos de nos encontrar na tarde do dia seguinte, no estacionamento de um restaurante local. Levei meu bebê para mostrar e, homem, estava que era um sucesso!"

O carro ou a mulher?

"Enquanto eu dirigia para encontrar-me com a compradora, o rádio do carro começou a ligar e desligar. Olhei para o sensor de voltagem, no painel, e vi a agulha movendo-se rapidamente para baixo. O sistema elétrico estava entrando em pane."

"No caminho para vender o carro?"

"A *minutos* de vender o carro – e nunca tinha tido um problema com ele até então!"

"Parece enredo de filme de suspense."

"Espere – vai terminar de maneira mais estranha ainda. Sabendo que o motor ia parar a qualquer momento, eu rezei para que, no mínimo, falhasse no estacionamento onde a mulher estava esperando. Então, aconteceu o inesperado: no instante em que entrei no estacionamento, o motor morreu e, literalmente, as rodas rolaram até o local próximo de onde ela aguardava."

"Impossível! O que o senhor disse a ela?"

"Antes que eu pudesse dizer qualquer coisa, ela começou a ralhar comigo. Eu estava atrasado e ela acabaria se atrasando para o trabalho. Eu pensei que estava no horário, mas a falha elétrica tinha atrasado o relógio do carro em vinte minutos."

"O senhor está inventando isso tudo?"

"Quem me dera. Quando conseguiu se acalmar, a Dona Irritada pediu para fazer um teste no carro. Juro, se pudesse ter inventado uma boa mentira, eu o teria feito. Mas não pude. De modo que só confessei: 'Detesto ter de dizer isto, mas o carro acaba de morrer'."

Muito estranho.

"'Morreu? Que quer dizer com morreu?'", ela gritou. 'O senhor não chegou dirigindo o carro até aqui?'

"'Sim, cheguei', respondi embaraçado. "Mas o motor morreu há alguns segundos... alguma coisa no sistema elétrico."

"Ela fez uma cara estranha, como se estivesse resfriada, e então grunhiu: 'Bom, me chame quando consertar!' Daí, pulou em seu carro e saiu ventando, num acesso de raiva."

"E daí, o que o senhor fez?"

"O que eu fiz? Chamei o guincho! Uma hora mais tarde, vi meu lindo T-bird – sem uma falha, até aquele dia – sendo levado pela rodovia como um corte de bife. Só fiquei ali sentado, pensando: 'Isso é esquisito demais para ser verdade'. Disse a mim mesmo que aquilo era só um mal passageiro. O meu carro seria consertado, alguém o compraria e, quando toda a poeira assentasse, aquele incidente não teria mais importância."

"E aconteceu?"

"O carro foi fácil consertar – era só um fio partido – e o T-bird ficou na minha garagem por algumas semanas, enquanto eu estava fora, em viagem de negócios. Quando voltei, telefonei, sem muita esperança, para minha compradora frustrada. 'A senhora ainda está interessada no carro?'", perguntei.

"Ela estava mais calma, então. 'Bom, acho que sim', respondeu ela. 'O senhor não vai acreditar no que aconteceu quando esteve fora. Vi outros dois carros e os dois falharam quando os testei'."

"'Eu lhe pergunto, que coisa mais estranha é essa?' De qualquer forma, ela pegou o carro para dar uma volta, amou e pagou-me um bom preço por ele. Entreguei-lhe o carro acompanhado de uma flor e um cartão, desejando-lhe felicidades. Um mês depois, ela me enviou um bilhete agradecendo e dizendo que adorava o T-bird."

Certo, chegamos no x da questão. "E isso o ensinou a parar de se preocupar?"

"O momento crucial foi quando eu estava sentado no reboque do guincho e compreendi que tudo aquilo acabaria por se solucionar. Não sabia como, mas me pareceu que tudo acabaria bem. E acabou."

"Como aquele personagem do *Shakespeare Apaixonado*, que vivia se metendo em encrencas e dizia 'De alguma forma, vai funcionar'. E funcionava."

Justamente naquele instante, Janie entrou correndo na sala. "Conseguimos localizar Lenny Stillwell pelo telefone", anunciou, agitada. "Ele acabou de telefonar de Cancun para seu escritório. Está falando com Tony, orientando-o sobre como consertar o defeito. Parece que conseguimos sair dessa enrascada... pode acreditar em tamanha coincidência?"

Eu não estava *tão* surpreso. O Sr. Everit tinha invocado aquilo.

"É, existe sim um plano no universo", afirmou o Sr. Everit, olhando absorto para o anúncio do T-bird. "Você só tem de acompanhar a energia mais forte."

"O senhor quer dizer: 'siga com a corrente'?"

"É mais do que isso. Você ajuda a corrente, até mesmo a gera, não perdendo a sua meta de vista e não se deixando levar pelo que é aparentemente contrário. Ancore-se no seu objetivo e os obstáculos vão evaporar à medida que você passar por eles."

O Sr. Everit abriu as venezianas e deixou entrar na sala um raio bem-vindo de sol. Sua silhueta régia se tornou mais visível e, por um instante, imaginei ver ali um grande estadista, junto à janela do seu palácio.

"Assisti a um programa de televisão em que apresentavam um curandeiro nativo americano", contou-me. "O programa chamava-se 'O Mantenedor da Fé'. Seu trabalho na tribo consistia em manter a serenidade, não importando o que acontecesse ao redor dele ou da sua tribo. Quando os outros se deixavam levar pelo medo, ele mantinha a força de uma rocha. Se ocorresse mau tempo, doenças, guerra ou faltasse alguma coisa, cabia a ele manter a visão de que sua tribo sobrepujaria a crise. E sobrepujavam."

Sobre a mesa à minha frente havia um exemplar do jornal matinal. Li as manchetes. Ai, Deus. Guerra, assassinato, crise financeira, escândalos, epidemias, etc., etc., etc. "Acho que precisávamos de alguns mantenedores da fé na nossa tribo", comentei.

"Poderia ser você", ele sorriu, irônico.

O que aprendi com o Sr. Everit:

- A vida é guiada por uma inteligência que leva as pessoas ao encontro do que elas necessitam.
- Uma parte de mim é lúcida e forte, mesmo quando as outras partes não são. Numa situação de crise, o melhor que posso fazer é deixar que essa parte assuma o comando.
- De um jeito ou de outro, tudo acaba dando certo.

Outras coisas que ele disse:

- A preocupação é como uma cadeira de balanço. Dá a você a sensação de que está fazendo alguma coisa, mas você não chega a lugar nenhum.
- Assim que confiar em si, você terá aprendido a viver (Goethe).
- Nada na vida deve ser temido. Apenas entendido (Madame Curie).

O que eu fiz:

- Uma lista das coisas com as quais me preocupava. Depois, na frente de cada item, escrevi: "De um jeito ou de outro, isso vai dar certo".
- Não corri para estar no primeiro grupo a entrar no meu vôo para o sudeste. Acabei entrando do mesmo jeito e consegui um ótimo lugar.
- Disse à minha mãe que eu estava indo bem.

Lição 13

Não racionalize sua paixão

"Hoje é seu aniversário?", perguntei quando vi um saquinho de bexigas sobre sua mesa.

"Vinte e cinco anos", respondeu ele, com orgulho.

"Só tem vinte e cinco anos?", perguntei. "O senhor parece mais, hum... amadurecido... para sua idade."

"Vinte e cinco anos desde que passei a dirigir uma fábrica", riu-se, divertido, enchendo uma das bexigas. "Tem algum programa para hoje?"

"Hum, vejamos... cancelei meu encontro com o presidente – cansei de lhe dar conselhos – acho que estou livre."

"Então, que tal celebrar comigo num concerto? Marlene iria, mas tem de ir ao curso de reciclagem no volante. Um guarda parou-a por excesso de velocidade e ela lhe disse que ele estava criando a sua própria realidade."

O que eu não daria para ter estado lá!...

"Que tipo de concerto? *Heavy metal*? *Hip-hop*? *Rap*?"

"Chegou perto... violino."

"Sério?"

"Eu já indiquei alguma coisa errada pra você?"

Não, certamente, nunca. "Está certo, vou, sim... mas só não me decepcione, está bem?"

"Você não vai se arrepender."

E não mesmo. Não me interesso muito por música clássica, mas aquela solista era fenomenal. Ela fazia amor com aquelas cordas, tocando com um fervor que, primeiro, me divertiu, mas depois me levou às lágrimas e, no final, incendiou a platéia. Eu devo ter sido o primeiro a pular da poltrona e gritar *"Bravo!"*

Depois do concerto, quando nos encaminhávamos para o *Benningan*, "onde-eles-servem-uma-sobremesa-de-chocolate-de-matar", o Sr. Everit me perguntou: "Você leu no programa como aquela musicista conseguiu seu violino?"

Eu nunca li um programa desses. "E como foi?"

"Ela estava com intenção de comprar um violino e encontrou um *Stradivarius* autêntico. O preço estava muito além de qualquer quantia que ela pudesse pagar. Então ela concluiu que a única maneira de comprar o violino seria vender a casa onde morava."

"E o que ela fez?"

"Vendeu a casa."

"Vendeu a casa onde morava para comprar aquele violino?"

"Pelo que sei, foi um bom negócio", disse ele cutucando-me com o cotovelo. "Duvido que ela conseguisse aquela boa música só com a casa." Provavelmente não. "Agora ela está ganhando dinheiro suficiente para comprar uma casa mais bonita que aquela que negociou pelo instrumento."

No restaurante, nós nos sentamos numa mesa próxima à de um punhado de adolescentes que tinha acabado de sair do cinema. Um deles tinha tantas tatuagens que parecia o mapa rodoviário de uma cidade. Isso apenas com relação ao seu antebraço; não me atrevi sequer a imaginar onde aquele mapa terminava.

"Francamente, estou surpreso por ter gostado tanto do concerto", admiti, enquanto devolvíamos os menus para o garçom. "Não sei nada sobre música clássica."

"Você não tem de saber", respondeu o Sr. Everit. "Sabe qual o tipo de música que desperta a reação mais forte nos ouvintes?"

"Sertaneja, caipira?", quis adivinhar.

"Por que diz isso?"

"Faz algumas pessoas chorarem e todas as outras atirarem tomates."

"Boa tentativa... mas pense nisto: alguns psicólogos contrataram um punhado de músicos diferentes para tocar vários tipos de músicas para uma audiência ao vivo, e mediram as reações da platéia."

"E descobriram...?"

"Descobriram que nenhum tipo específico de música gera uma reação maior que outro. Pode adivinhar o que fez mais diferença?"

"O preço da entrada?"

"Não. O estado de espírito dos músicos. Os que tocaram com mais paixão comoveram mais a audiência."

"Sério?"

"As pessoas reagem mais à emoção que à técnica. Esse é o poder da paixão."

Eu realmente nunca tinha pensado sobre isso desse ponto de vista.

"E quer saber um segredo que não é realmente um segredo, mas que ninguém conhece, de maneira que bem poderia ser?"

"O que é?"

"A paixão não é essencial só para a música. É essencial para tudo."

"Como aquele cobrador do estacionamento que cantava ópera?"

"Exatamente. Se você conseguir criar coragem para fazer aquilo pelo que tem paixão, as pessoas pagarão para sentir a energia que você insufla nas suas criações."

"Mesmo quando se trata de uma colcha de retalhos?"

"Uma colcha de retalhos feita com paixão é o dedo de Deus alcançando a vida para tocar a alma de todos que a vêem."

"Então, o senhor está sugerindo que eu comece a tocar violino ou fazer colchas de retalhos?"

Ele riu. "Estou sugerindo que você comece a ser você mesmo. Se você se dedicar à sua paixão, será feliz, terá sucesso, concederá dádivas ao mundo e será amplamente recompensado."

"E isso funciona para todos?"

"Mesmo para os engenheiros."

"Mas, se todos têm essas dádivas a oferecer, por que não existem mais pessoas felizes e bem-sucedidas?"

"Elas não acreditam na grandeza que existe dentro delas. Se acreditassem em si mesmas o suficiente para fazer o que gostam, a vida não tardaria em lhes dar apoio."

"Então fazer o que quero não é ultrajante?"

"A única coisa mais ultrajante que fazer o que você quer é aceitar o que você não quer."

De repente, alguma coisa fez um clic dentro de mim. Compreendi o que o Sr. Everit estava me dizendo. Não se tratava apenas da violinista, da colcha de retalhos ou da paixão. Tratava-se de tudo. Captei o espírito da coisa. De alguma forma, minha vida era uma expressão da perfeição, mesmo que eu não pudesse explicar como. O universo incorporava uma vasta sabedoria que poderia me oferecer, de bandeja, tudo o que eu mais sonhava, se eu apenas mudasse a minha própria maneira de pensar e deixasse que a vida me amasse. E tudo isso começava com o meu "Sim" – a mim mesmo, a todas as experiências que haviam me trazido onde eu estava agora, a tudo. Eu era tão rico quanto o Sr. Everit e quanto todas as pessoas que descobriram o ouro justamente onde viviam. Eu já tinha o suficiente e podia ter mais. Eu estava feliz e estava faminto.

Fiquei ali, sentado, por uns dois minutos, olhando para o Sr. Everit, mas vendo mais através dele. Então ele me atirou a bola mais difícil de todas.

"Aproveitando que estamos no assunto, tenho de lhe dizer que decidi me dedicar à minha paixão."

"O senhor quer dizer que já não fazia isso?"

"Certamente que sim. Agora, estou simplesmente dando o próximo passo. Estou deixando a fábrica."

Mal podia crer nos meus ouvidos. "Deixar a fábrica?... Sr. Everit o senhor *é* a fábrica. Se a deixar, tudo vai abaixo!"

Ele gargalhou. "Ora, isso não seria um elogio nem a mim nem à empresa, não acha? Não venho treinando toda essa gente, durante todos esses anos, para dependerem de mim. Espero que eu os tenha ensinado a se motivarem."

Aquilo era estranhíssimo. "Mas o senhor é o mestre. Quem dentre nós poderia gerenciar tão bem como o senhor?"

"Você poderia."

"*Eu?*"

"Exatamente – você."

"Ah, por favor, Sr. Everit. Não tenho o gabarito necessário para ser como o senhor."

"Mas tem o gabarito para ser como você é. Isso é tudo o que importa."

Minha cabeça dava voltas. "Não sei, Sr. Everit. Às vezes fico pensando se o senhor me vê como realmente sou."

Então ele pareceu olhar dentro de mim, silenciosamente, por longo tempo. Eu fiquei meio assustado. "Eu vejo quem você é muito mais do que você mesmo", disse-me com vigor. "Essa é a razão de eu deixar a empresa a seu encargo."

Afundei na cadeira, tentando captar tudo aquilo. Não adiantava discutir. Ele sabia o que queria e geralmente tinha razão.

"Você pode ficar com meu escritório, meu apartamento, meu salário, meu assistente. Tudo o que tenho é seu."

Fiquei ali sentado, completamente aturdido. "E o que o senhor vai fazer? Aposentar-se?"

Ele explodiu numa gargalhada tão alta que o pessoal das tatuagens, na mesa ao lado, voltou-se e ficou olhando para nós. Eu me encolhi contra a divisória.

"Eu? Me aposentar? Não, aí está uma boa piada! Você pode me imaginar jogando golfe, de calça xadrez, com um punhado de velhos vestidos como 'no meu tempo', no Arizona? Essa não é a idéia que faço do paraíso, meu amigo. Isso é lá em cima, com as nuvens e a harpa tocando. No momento, eu estou é vivo!"

Seus olhos soltaram um lampejo. "Marlene e eu vamos tirar alguns meses para ir ao Mediterrâneo. Ela sempre quis conhecer Atenas e Madri, e eu pretendo deixá-la impressionada. Quero que o resto da nossa vida tenha mais sentido do que ficar buscando algo que não temos a mínima idéia do que seja."

Então ele fez aquela expressão, aquele estranho olhar que mostrara uma vez, antes de me falar sobre o grande erro que tinha cometido, aquele sobre o qual não podia falar. "Há coisas sobre mim que eu quero que ela saiba e eu preciso de um tempo para dizer. Acho que será bom para nós dois."

Mais uma vez senti que estaria entrando num terreno onde não seria bem-vindo se dissesse uma só palavra.

"E quando voltarmos, há certas coisas sobre as quais quero conversar com você. Coisas que o ajudarão a ouvir."

"Que coisas?", perguntei a mim mesmo. "Por que ele não podia me dizer agora?" Mas eu estava certo de que ele tinha dado por encerrada a nossa conversa. E quando ele encerrava, encerrado estava.

Tomei para mim a conta. Concluí que, agora, eu teria condições de pagá-la.

O que aprendi com o Sr. Everit:

- As pessoas me pagariam para sentir a paixão e a energia que eu transmito no meu trabalho e no que crio.
- Não ganho nada fazendo coisas que não me empolgam.
- Posso me aposentar do meu trabalho, mas não da vida.

Outras coisas que ele disse:

- Busque sua paixão, não sua pensão (Denis Waitley).
- Deixemos que a beleza que amamos seja o que fazemos (Rumi).
- Antes de morrer, ouse caminhar pelo mais bravio desconhecido (Bryce Courtney).

O que eu fiz:

- Deixei o Clube dos Jovens Executivos. Aquilo me entediava.
- Tirei do armário a máquina fotográfica que não usava há anos – mas sempre adorava quando fazia isso.
- Fiz uma lista das mudanças na fábrica que faria se fosse o gerente. Santo Bert, eu sou o gerente.

Lição 14

Um negócio melhor

Consultei o calendário dos *Grandes Chocolates da Europa*, que o Sr. Everit me enviara da Suíça, e mal pude acreditar que já fazia quase dois meses que ele e Marlene tinham viajado. Em uma semana, eu, já como gerente da fábrica, os receberia no aeroporto e eles seriam os visitantes. Que mudança tão estranha, em menos de um ano! Perguntei-me se ele teria tido aquela conversa importante com a esposa. Todos os dias, eu me perguntava o que ele me diria quando voltasse.

De início, tentei seguir os passos do Sr. Everit, mas logo compreendi que ele era o único que poderia fazer como o fazia. Se quisesse ser bem-sucedido, eu teria de agir em meus próprios termos. Além disso, a personalidade Bert Everit nunca caberia num clone. No primeiro mês após sua saída, perguntei a mim mesmo: "O que o Sr. Everit faria?" Depois, passei a considerar: "O que *eu* faria?"

Apesar dos meus temores e da minha insegurança, os operários da fábrica se comportaram de maneira admirável. A falta do Sr. Everit forçou todos a pensar por si mesmos e todos chegaram a um novo patamar de orgulho e eficiência. Os seus empregados provaram sua tese de que o que marca um bom líder é o sucesso dos que o seguem, na sua ausência. "O bom mestre procura tornar-se desnecessário", ele costumava dizer. Realmente, o aumento da produtividade da fábrica foi algo de que o Sr. Everit poderia se orgulhar.

Nada, porém, poderia ter-me preparado para o telefonema do sobrinho do Sr. Everit, Jason. O fato ocorreu justamente antes do almoço da terça-feira anterior ao Dia de Ação de Graças. Eu estava fazendo algumas anotações na última prova do novo catálogo da empresa, esperando que o Sr. Everit ficasse impressionado quando o visse. Minha secretária acabara de sair para almoçar, de modo que eu mesmo atendi ao telefone.

"Desculpe, mas acho que não tenho boas notícias", começou Jason. Fiquei apreensivo. "Marlene acaba de telefonar e me disse que o tio Bert teve um ataque do coração quando fazia mergulho na costa grega. Foi levado para um hospital onde tentaram ressuscitá-lo. Ele ficou bem por uns dias e então teve outro ataque. Não puderam salvá-lo... ele se foi."

"Deus, não!..."

"Você não sabia que ele sofria do coração?"

"Não, ele nunca disse nada sobre isso."

Jason fez uma pausa, por um instante, e respirou fundo. "Há onze anos, o tio Bert teve um ataque do coração. Seu médico proibiu-o de praticar mergulho novamente. Mas ele não obedeceu. Ele adorava mergulhar. Ele costumava levar a mim e ao meu irmão para mergulhar todos os meses. Nós também adorávamos. Acho que ele se esforçou demais dessa vez."

Então esse era o misterioso segredo do Sr. Everit. Não era de se estranhar. Queria saber por que ele nunca havia me contado. Será que era orgulhoso demais?

Quando desligamos, sentei-me e pus-me a pensar por um longo tempo. Bert Everit não voltaria mais para casa. A última vez que o vi fora de fato a última. Como podia? Senti como se tivesse uma pedra no estômago. Então, as lágrimas começaram a transbordar e fechei a porta do escritório. Deitei a cabeça no encosto da cadeira e fitei o teto durante um longo tempo, por entre as lágrimas. Mentalmente, repassei todos os momentos que passamos juntos, desde o dia em que apareci na fábrica até sua última piscadela para mim, no aeroporto. Ele passou a significar muito para mim; não conseguia sequer começar a contar as várias portas que ele abriu para mim. Ele viu mais em mim que eu próprio, e eu captei sua visão. À sua própria maneira esquisita, ele desmantelou meu pequeno carrinho de mão com as juntas afrouxadas e o substituiu por um outro, grande o suficiente para conter todos os desejos do meu coração.

Agora, ele se fora.

Quando ele deixou tudo aos meus cuidados foi como se eu soubesse o que estava para acontecer. O fato de ter desafiado as ordens do médico não me surpreendia. Para mim, quando continuou a praticar mergulho por mais onze anos, Bert levou a melhor. Não podia imaginá-lo sentado por aí, como uma abóbora velha e desidratada, fazendo palavras cruzadas de letras grandes, usando lentes bifocais e falando sobre seus problemas de intestino. Ele não era do tipo que suportava o inferno para poder entrar no céu. Ele viveu plenamente e morreu fazendo o que amava. Seguiu sua paixão até o último momento. Melhor para ele.

O que aprendi com o Sr. Everit:

- Tenho de andar com os meus próprios pés.
- A marca de um bom mestre é o sucesso de seus alunos, na sua ausência.
- Desfrute da companhia das pessoas que você ama como se essa fosse a sua última oportunidade. Pode ser de fato.

Outras coisas que ele disse:

- Nunca é tarde demais para ser o que você pode ser.
- Saber o que você prefere, em vez de simplesmente dizer "amém" ao que o mundo diz – isso é que é manter a alma viva (Robert Louis Stevenson).
- Seu futuro não é o que você costumava pensar que é.

O que eu fiz:

- Fui visitar minha mãe e lhe disse o quanto a amava.
- Fiz uma lista do que faria se eu só tivesse um ano de vida, e fiz planos para colocá-la em prática.
- Emoldurei uma foto de Bert Everit com roupa de mergulho e a coloquei sobre a minha escrivaninha.

Lição 15

Um desejo e um caminho

Um mês depois, telefonou-me Bob Kendall, advogado do Sr. Everit, pessoa muito agradável. Encontramo-nos algumas vezes. "O Sr. Everit nomeou-o em seu testamento. Pode vir a meu escritório?"

Eu não esperava por aquilo. Mas eu nunca esperarei metade das coisas que ele fazia.

Dirigindo em direção ao centro, perguntava-me o que ele poderia ter-me deixado. Já tinha me dado as chaves do seu reino, isso sem falar de toda uma nova vida. Na verdade, eu não queria mais nada dele, e, certamente, não precisava. Tinha dinheiro suficiente. E, agora, fé suficiente.

Bob Kendall recebeu-me em seu escritório e convidou-me a sentar na cadeira aveludada diante da escrivaninha. Olhei ao redor, para ver se qualquer outra pessoa da família do Sr. Everit estaria na sala de espera. Não havia ninguém. "Onde estão os outros?", perguntei.

"Fiz uma leitura em separado para eles. Tenha certeza de que ele os deixou muito bem. Seu testamento estipula que eu fale com você em particular."

Tudo pareceu ainda mais estranho.

O advogado pegou uma folha de papel manuscrita e colocou-a diante de si, na escrivaninha. Parecia nervoso. "Bert estimava-o muito", declarou em voz um tanto arrogante, embora gentil.

"Eu sei... ele era como um pai para mim."

Bob fixou seu olhar no meu por um espaço de tempo maior do que eu poderia suportar sem me sentir embaraçado. Pigarreou e agarrou o papel com mais força. Então, continuou com um pequeno aperto de voz: "Como sabe, o Sr. Everit esteve internado por alguns dias no hospital, antes do seu falecimento. Escreveu isso na presença da esposa e pediu que seu testamento fosse alterado de acordo com seus desejos. Esses desejos estão declarados neste documento".

O advogado novamente respirou profundamente e começou a ler.

Para Meu Construtor de Carrinhos de Mão Favorito,

Surpreendeu-me que ele começasse assim. Talvez estivesse um pouco tonto por causa dos analgésicos.

Gostaria de poder lhe falar pessoalmente. Queria olhar nos seus olhos e dizer algumas coisas quando retornasse, mas aqui estou eu, num hospital medieval encantador, no meio do nada, e só Deus sabe quando sairei daqui. Por precaução, estou lhe enviando esta carta. Por favor, me desculpe por não falar com você cara a cara. Acho que me equivoquei ao presumir que o veria de novo. Uma vez lhe disse que a vida é como uma secretária eletrônica: você nunca sabe quanto tempo tem para deixar sua mensagem. Portanto, diga primeiro o que é importante. Eu deveria ter seguido meu próprio conselho.

Uma vez você me perguntou se eu cometia erros e eu lhe disse que cometia um, grande, e que ainda estava tentando retificá-lo. Espero que esta carta finalize o trabalho.

Bob Kendall fez uma pausa e me lançou um olhar de interrogação. Fiz sinal com a cabeça para que continuasse.

Em 1967, fui chamado para o serviço militar. Um ano depois, fui despachado para lutar no Vietnã. Antes de partir, casei-me com minha namorada do colegial e tivemos um filho. Estou escrevendo agora para contar-lhe que a garota era sua linda mãe e que o filho era você.

Um jato de energia percorreu o meu corpo. Senti um aperto na barriga e, de imediato, sentei-me ereto na cadeira. "Impossível!", falei sem pensar. "Não pode ser verdade!"

O advogado franziu os lábios e balançou a cabeça. "Eu sabia disso há algum tempo", admitiu. "Bert confiava em mim. Sei que é difícil de aceitar... gostaria de tomar um copo d'água, um pouco de ar fresco?"

Pensei que minha cabeça estava a ponto de explodir. Mas eu precisava ouvir o resto. "Não... só continue", disse. Deixei-me cair na cadeira, profundamente chocado.

> Durante uma escaramuça, em uma cidadezinha, fui capturado e feito prisioneiro pelos vietcongues. Eles me prenderam num campo esquecido por Deus, com rações miseráveis, e a cada dia eu pensava que no seguinte morreria. Minha única consolação era olhar as estrelas, à noite – as mesmas que você e eu olhamos juntos – e lembrar que havia um quadro maior para a vida do que aquele à minha frente. Em meio àquele buraco infernal, desenvolvi uma força interior poderosa, uma fé no bem além das aparências. Era o único meio de que dispunha para manter minha sanidade mental e sobreviver. O homem que você conheceu era o resultado da força de vontade que desenvolvi lutando para manter meu coração aberto na mais negra das condições.

Por que ele nunca me contou? Poderia ter-me contado. Eu teria entendido.

> Quando acabou a guerra, os vietcongues me soltaram. Mas eu estava desorientado. Eles tentaram me torturar para que eu lhes desse informações militares, mas não o fiz. Mesmo assim, sua tentativa de me fazer uma lavagem cerebral afetou minha capacidade de raciocínio. Eu estava amedrontado demais para voltar. Permaneci nas

selvas vietnamitas por anos, para tentar recuperar minha lucidez. Então, conheci um monge que me ensinou a meditar e ajudou-me a alcançar minha paz interior. Aquele monge era o homem que você viu na foto que caiu da minha carteira. Meu cabelo e minha barba cresceram enquanto me mantive escondido na selva.

Então era isso. Nunca acreditei realmente que ele fosse um hippie. O boné de John Deere era a lembrança de um falecido.

Finalmente, encontrei coragem para voltar aos Estados Unidos. Pesquisei até descobrir onde moravam você e sua mãe. Naquela época você teria, talvez, 10 anos. Sua mãe me dera por morto e havia se casado novamente. Não poderia suportar a idéia de perturbar sua vida novamente. Assim, assumi outra identidade. Aluguei um apartamento perto de onde vocês moravam e, de longe, vi você crescer. Orgulhava-me tanto vê-lo amadurecer e tornar-se um homem jovem e bom. Mas, quanto mais o tempo passava, mais eu sentia o terrível vazio que era estar separado de você.

Aquilo tudo parecia estranho demais para ser verdade. Mas ele não inventaria. Minha imaginação estava ficando fora de controle.

Um ano atrás, não pude mais conviver com a distância que nos separava. Estava envelhecendo e o pensamento de viver o resto da minha vida, e morrer, sem estar perto de você tornou-se insuportável. Então, enviei-lhe uma carta anunciando a vaga para trabalhar aqui. Fiz com que parecesse uma carta-padrão, para ser enviada a várias pessoas, mas ela era destinada somente a você. Pode imaginar minha alegria quando você veio à fábrica e nos conhecemos? Quando aceitou o emprego, vi a oportunidade que tinha de manter um vínculo com meu filho, há tanto tempo perdido.

Quantas vezes quis lhe contar tudo isto, mas sabia o transtorno que causaria. Assim, apenas desfrutei o fato de estarmos juntos; era como se você tivesse crescido junto a mim, durante toda a vida, e agora eu estava passando meus negócios para você. O dia em que fiz isso foi o mais feliz da minha vida.

Quis usar o tempo das minhas férias com Marlene para contar a ela tudo isso. Ela ficou tão estarrecida quanto sei que você deve estar. Mas ela me ama e começou a amá-lo também. Estava feliz por eu ter a intenção de contar tudo a você, quando voltássemos.

E agora não tenho certeza se o verei de novo. Assim, quis estar seguro de que você saberia disso tudo diretamente de mim, e não de outras pessoas. Caso não nos encontremos de novo, por favor, me perdoe por não ser o pai que eu poderia ter sido. Espero que o tempo e a ligação que compartilhamos, de alguma forma possa lhe expressar o quanto o amo e acredito em você.

Com todo o meu coração,

Seu pai,

Bert Everit

Tentei lutar contra as lágrimas, mas não pude. Bert Everit, o mais gentil e o mais maravilhoso homem que jamais encontrara, era o pai que eu nunca tinha conhecido.

Bob Kendall finalizou a leitura e viu meus olhos cheios de lágrimas. Senti-me embaraçado, mas, na verdade, não me preocupei com isso. Bob entendeu.

"Há qualquer coisa mais que eu deva saber?", perguntei. "Por exemplo, ele era um extraterrestre?"

Bob sorriu. "Ele deixou para você duas coisas." O advogado abriu a gaveta e dela retirou um pequeno envelope e um pacotinho quadrado, embrulhado em papel pardo. Empurrou-os delicadamente por sobre a mesa, na minha direção.

No envelope, com a letra de Bert – meu pai – vi escrito: *De Um Jeito ou de Outro, Tudo Dá Certo*. Abri o envelope. Meu Deus, eram as suas ações da empresa! Ele tinha mais da metade das ações. Fiquei sem fôlego. A folha de papel significava que eu nunca mais teria de me preocupar com dinheiro novamente. Mas se eu pusesse em prática o que ele havia me ensinado, eu nunca teria de me preocupar com nada.

Por um instante, fiquei com os olhos presos no pacote. "Acho que sei o que há aqui", eu disse ao advogado.

Ele me fez um gesto para abri-lo.

Desfiz o embrulho e encontrei uma pequena nota, também com a letra do meu pai.

"Tudo o que você precisa saber sobre como dirigir uma fábrica de carrinhos de mão."

Dentro, encontrei um volume muito gasto de *Uma Boa Limonada*, de Bert Everit.

Agradecimentos

Meus profundos agradecimentos às pessoas a seguir, pelo grande apoio que deram a mim e ao Sr. Everit, na forma de amor, palavras, gestos e experiência profissional, para que esta história e seus princípios pudessem ser expressos:

Dee H. Winn, por seu amor contínuo, constante e sempre fortalecedor, pelo entusiasmo e visão que demonstrou para divisar beleza, profundidade e sentido em minha pessoa e neste livro.

Michael Ebeling, por suas articuladas capacidades comerciais e incondicional apoio para trazer à tona a mais alta criatividade e oferecê-la àqueles que podem beneficiar-se dela.

Ana Hays, por suas competências em administração, redação e atitude cheia de alegria.

Pat MacEnulty, por suas contribuições sábias, ternas e extremamente úteis.

Kristelle Sims Bach, por seu olho literário de águia e talento para trazer este livro ao seu mais elevado potencial.

Bob Friedman e equipe editorial e artística da Hampton Roads, por sua fé neste livro e suas incríveis capacidades para dar à história o mais elegante e atraente formato.

Bert Everit, seja quem for, por me fazer lembrar, e a todos nós, de usarmos a roupagem de ouro que temos dentro de nós.